谋臣系列

李 斯

谋国谋身的千古一相

江左辰 著

辽宁人民出版社

© 江左辰　2023

图书在版编目（CIP）数据

李斯：谋国谋身的千古一相 / 江左辰著 . — 沈阳：
辽宁人民出版社，2023.1
　（中国历代谋臣系列）
　ISBN 978-7-205-10550-1

　Ⅰ . ①李⋯ Ⅱ . ①江⋯ Ⅲ . ①李斯（前？ － 前208）—
传记 Ⅳ . ① B226.5

中国版本图书馆 CIP 数据核字（2022）第 164148 号

出版发行：辽宁人民出版社
　　　　　地址：沈阳市和平区十一纬路 25 号　邮编：110003
　　　　　电话：024–23284191（发行部）　024–23284304（办公室）
　　　　　http：//www.lnpph.com.cn
印　　刷：北京长宁印刷有限公司天津分公司
幅面尺寸：145mm × 210mm
印　　张：6
字　　数：110 千字
出版时间：2023 年 1 月第 1 版
印刷时间：2023 年 1 月第 1 次印刷
责任编辑：蔡　伟　吴艳杰
封面设计：乐　翁
版式设计：一诺设计
责任校对：郑　佳
书　　号：ISBN 978-7-205-10550-1
定　　价：39.80 元

序 言

战国末年，天下风云激荡，四方英雄辈出。此时，角落里一名基层小吏，在几只老鼠身上得到了启发，他审时度势，顺势而为，砥砺前行，最终走到历史前沿，登上了权力巅峰。他构建制度，重塑政治权力格局，规范文化制度，影响后世千年，他就是大秦帝国首位丞相李斯。

千古一相李斯曾经协助一代帝王秦始皇，推动了秦国统一六国的进程。作为一位不同寻常的能人志士，李斯和秦始皇的关系相当默契，他们彼此扮演着亦师亦友的重要角色。在波诡云谲的秦国政坛中，李斯凭借着自己的政治智慧和处世哲学站稳了脚跟。李斯目光如炬，洞察大势，他帮助年少的秦王嬴政一步一步夺回权力。最终，李斯和秦王嬴政横扫六国，共同打造了中国历史上第一个封建王朝——大秦帝国，成就了他们共同的梦想！

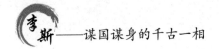

　　这才有了后来的"上有三皇五帝，今有始皇帝"。嬴政自称为皇帝，这可是中国历史上开天辟地的一件大事。

　　李斯也因为协助秦始皇结束了从春秋开始几百年来诸侯混战的动乱局面，为秦始皇统一天下，安国定邦，立下了汗马功劳，成了大秦帝国的丞相。天下统一后，作为一位具有长远政治眼光的战略家，李斯又开始建议秦始皇推行种种措施，确立了秦国的中央集权制，强化了君权。李斯精明的战略，更是将他的"老板"秦始皇嬴政推上了权力的顶峰。

　　李斯先进的政治理念，也为后来中国两千多年的封建专制社会奠定了基本格局。

　　可以说，李斯的前半生非常完美，然而，金无足赤，人无完人。李斯从一介布衣出身，到拜荀子为师，再到辅佐秦始皇统一天下，他功不可没。但李斯可谓善于谋国，拙于谋身。李斯最后却选择站错了队，和大阴谋家赵高合作害死了扶苏，让昏聩的胡亥成为大秦帝国的第二任皇帝，他们残害忠良，奴役百姓的行为，又最终加速了秦王朝的灭亡，真是"成也李斯，败也李斯"。在赵高的精心策划下，李斯一步一步身陷囹圄。

　　有人说，李斯为一己私利，出卖了正义，他是罪有应得；也有人说，在那种复杂的政治环境下，能保全自身性命已属不易，更何谈施展安邦治国之策?

　　然而,历史是记录者,作为大秦帝国的丞相李斯,他亲眼见证了秦王朝的崛起和衰弱,事实上,他的人生轨迹,便是一部秦王朝的兴衰史。而李斯的悲剧也不完全是他个人的悲剧,而是一出悲剧中的一个章节或是一段旋律而已。只是,千古一相李斯最终被赵高谋害,可悲可叹!现在,就让我们一起穿越时空回去看看那段时间李斯到底经历了什么……

　　让我们一起重回大秦开国的峥嵘岁月和政坛现场,通过一幕幕紧张激烈的权力斗争和政治风云,层层剖析"大秦二号人物"李斯灵活的处世智慧和令人叹服的官场哲学。

目 录

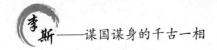

第一章

一介布衣的人生哲学

一、平凡小吏　硕鼠哲学

说起大秦的兴盛与雄风，相信大家立刻就会想到秦始皇的丰功伟绩，甚至是秦始皇的暴政治国。事实上，秦国之所以能够在这么短时间内，迅速实现了富强的强国政策，这一切都离不开一个名叫李斯的人，这个人与秦国的发展有着重大的关系。

秦丞相李斯，初为楚国上蔡郡小吏，后入秦辅助秦始皇，完成了统一六国的大业，官拜丞相，被世人尊称为"千古一相"。

今天，就让笔者带着大家一起穿越回战国末年，真实地进入李斯波澜壮阔的人生。

李斯年轻的时候，就在乡里做了一个小官，主要负责掌管文书，这是一个悠闲的差事。只是一介平民的李斯，不咸不淡地过着自己平凡的生活。每天也是和我们现代人一样，上班、下班，两点一线，这让李斯逐渐感到十分乏味无趣。

在司马迁的《史记》中，有关于李斯这样的一段记载：

李斯者，楚上蔡人也。年少时，为郡小吏，见吏舍厕中鼠食不絜，近人犬，数惊恐之。斯入仓，观仓中鼠，食积粟，居大庑之下，不见人犬之忧。于是李斯乃叹曰："人之贤不肖譬如鼠矣，在所自处耳！"

但生活无趣、工作乏味的李斯又是幸运的，乱世之中，人命贱如草芥，轻如蝼蚁。李斯却拥有着一份稳定的工作、一个温馨的家庭，这是多少人一生为之奋斗拼搏的目标啊。

只是，李斯的日子过得如同白开水，波澜不惊也百尝无味。李斯常常独自一人登上山头，眺望远方，回忆起自己儿时的梦。每个人在年轻的时候似乎都豪情万丈，轻裘长剑，烈马狂歌，纾难救急，快意恩仇，那是多少男儿少年时的梦想！只是要想有那"可上九天揽月，可下五洋捉鳖"的勇气，又谈何容易呢？

话说这一天，百般无聊的李斯，慢慢悠悠地走向厕所。他的脚刚一迈进厕所，就发现厕所里有一群老鼠长得又瘦又小，正在吃大便。这真是一个极其污秽、恶心的场面，李斯却好奇地观察起了这一群丑陋的老鼠，他发现只要一有人或狗靠近，这些小老鼠就会到处乱窜，吓得惊恐万分，四处逃窜。李斯便开始了思考，他心想：这厕所里的老鼠活得战战兢兢，见人就跑，看来是吓得不轻啊，活着时还只能吃屎，真是鼠生惨淡。

李斯顾不上人们常理中对老鼠的厌烦，他一下子就打开了大脑中的记忆闸门。李斯回忆起，他因公去粮仓时，曾经在粮仓里也看到过一群老鼠，只是粮仓里的老鼠与厕所里的老鼠大不同，粮仓里的老鼠，一个个膘肥体壮，而且那里的老鼠都不怕人，甚至还敢和人对视。

由此，李斯不禁联想到，粮仓里的老鼠，因为都是身处粮仓的缘故，吃的是囤积的粟米，藏住在大屋檐下的房室里，所以，能够无忧无虑地吃饱就睡，老鼠睡够了就相互嬉戏玩耍，丝毫没有怕人怕狗的担心。

这一联想，一下子就给李斯带来了很大的启发。他通过两个不同地方的老鼠，悟出了一个特殊的道理，李斯认为其实一个人过得好坏，主要取决于他所处的生活环境。那么，要是我李斯能高居庙堂之上，或许，在那样良好的条件中，也能活出个人五人六的模样。于是李斯不禁自言自语地叹息说："一个人的贤能或是不肖，就像这两个地方的老鼠一样，得看自己处在什么环境了。老鼠是如此，人不也是一样吗？"李斯认为一个人没有所谓的能干与不能干，天下所有人的聪明和才智本来都是差不多的，那么一个人是能够富贵，还是活得贫贱，全看自己是否能抓住机会和选择环境。心里有了想法之后，他就开始不甘于眼前苟且的生活了，他立刻辞官外出求学，他想要为自己日后登上高位做一切能做的准备。

经历了大半个月的长途跋涉之后，李斯到了齐国兰陵。他四处找人打听荀子的住处，因为荀子乃是一代学术宗师，甚至是全兰陵城的荣耀。所以，李斯一点都没有费力气，就找到了荀子的住处。不过，李斯囊中羞涩，能给老师缴纳的学费实在是少得可怜。最终，荀子并没有收取李斯一分钱的学费，却依然将他收为自己的弟子。经过了一路艰辛才到这里的李斯，立刻就觉得心里温暖极了，荀子可真是万世师表啊。

　　要知道荀子在当时可是非常著名的儒学大师。他打着圣人孔子的旗号进行讲学，但是，他又不像孟子那样墨守成规。荀子对自己所掌握的知识，不但能够做到活学活用，他还能从当时的政治局势出发，甚至还会对孔子的儒学进行发挥和改造，以便学生所学更加适合当时的需要，所以，荀子的讲学受到了广泛的欢迎。荀子也是先秦时代最后一位儒家学派的代表，他的思想被人们认为"上承孔孟，下启汉儒"。就连后人所熟悉的韩非子也是荀子的学生，韩非子受到儒家思想熏陶非常深，甚至在他的法家思想中，也都还夹带着荀子儒家的一些思想。

　　荀子为了保证教学质量，他将自己门下的弟子按知识水平分成不同的层次，这就类似于咱们今天的中专、本科、硕士、博士。只可惜，李斯并不是一个考试型的学生，他的考试成绩十分糟糕，于是，他便沦落到最受歧视的初级班去了。不过，如果论智慧和武功呢，李斯可是一直都比荀子的其他弟子高那么一点点的。但无奈，他不会考试呀！

　　荀子的讲学思想非常接近法家的主张，他同样也研究治理国家的学问，也就是"帝王之术"。李斯就开始在齐国，跟着荀子学习辅佐帝王之道。但李斯与韩非子不同，李斯虽然也同样是师承儒家，但是他却认为儒家的一些思想过于迂腐了。

李斯在老师荀子那里学完了"帝王之术"之后，他就开始反复思考，寻找自己的求职目标了，自己到底应该去到哪一个地方才能显露出自己的才干，才能够得到自己想要的荣华富贵呢？

李斯估摸着自己如果现在回去事奉楚王，肯定是不可能成就一番事业的，而放眼望去，天下的局势已经非常明朗了，当时六国的形势都非常不好，似乎已经没有能够让自己建功立业的机会。秦国的秦王是一个有着统一天下伟大抱负的君王，再看看其他六个国家，虽然表面上这六个国家会偶尔联合在一起，但是，他们之间却时常会有内斗发生。于是，李斯就下定决心要到西方秦国去寻找建功立业的机会。

李斯临行前，去跟自己的老师荀子辞行，荀子问李斯为什么要选择去秦国。李斯想了想说："我听闻，如果一个人要是遇到好的时机，一定不要疏失怠慢，大意疏忽会让这个人把上好的机会错过的。现在，天下各国的诸侯都在争取一个好的时机，他们都希望自己可以成就一番大的事业，所以，现在那些有谋略的游说之士，在天下各国的诸侯那里很容易就掌握了实权。而天下各诸侯中，当数秦王最是野心勃勃，秦国一心想着要吞并天下其他各国，然后统一治理万方。学生认为此时以游说为事业的布衣之士只要努力奔走四方，就可以靠着自己的本事猎取富贵。这对一个以游说为事业的人来说，是一个千载难逢的机会。如果一个处于卑贱地位的人，他的心里总是想着大丈夫要有所不为，这样的思想就会限制一个人的发展，以至于他失去了创造大事业的良机，学生想这样未免太过迂腐了吧。所以，在我看来，这些人就好像是禽兽一般，他们只知道看见眼前有肉就吃，真是徒具人的外表，只是一群能够勉强走路的家伙罢了。所以，学生认为一个人活着的最大耻辱，就是他的身份低贱、地位卑微，而一个人最大的悲哀莫过于，他的处境穷困潦倒，而长期生活在这种卑贱和穷困中，却还要学着厌恶名利、与世无争的，甚至还愤世嫉俗，憎恶荣华富贵，固执地坚持有所不为的教条。在我看来，这一切实在是太不正常了。经过分析，我认为楚王无所作为，其他各国也在走下坡路，于是，学生决定到秦国去。"很快，李斯离开了齐国，去了秦国。

二、步入仕途　历经艰辛

李斯出生在一个平民家庭，这也就注定了，他只能以此作为自己的人生起点。人们常说：自古英雄不问出处。李斯后来就成为秦国的丞相，甚至还帮助秦始皇完成了统一六国的伟大功业，李斯在中国古代历史上做出了很多突出的贡献。以至于在司马迁的巨著《史记》中，也有专门针对李斯的传记。像李斯这种平民出身，最终位极人臣，想必他之前一定经过了一番特殊的努力，才能从普通的布衣升为丞相，那么，李斯到底经历了什么呢？

平台决定人生。你的能力不取决于你，而取决于平台——这些今天依旧很流行的观点，其实在古时就有！李斯就是这个观点的鼻祖。

在那个交通不便利的时代，李斯跋山涉水，最终经历千辛万苦来到了秦国的都城咸阳。李斯也真是命苦，他刚一到秦国，就听到了秦庄襄王已经去世的消息，而接替秦庄襄王的是一个年仅14岁的大孩子——嬴政。

起点决定终点！这是李斯一直以来坚信的人生哲学，面对秦国的突然变故，李斯对秦国的局面重新做了一轮风险测评，最终，他经过了缜密思考，决定投靠相国吕不韦。在李斯的计划中，只有接近了吕不韦，他才能有机会接近秦王。暂且不说这个14岁的少年，是否能担起治理国家的大任，单说李斯身为一介布衣，他根本就没有面见嬴政的机会。所以，李斯打算把吕不韦作为自己的突破口，不过，吕不韦也不是那么轻易就能见到的！

后来，李斯开始走街串巷，他遇到人就打听宫里宫外、朝上朝下的消息。三天之后，李斯做了一个惊人的举动，他向着咸阳城发出了豪言壮语："物有高低，人分贵贱。其遇或异，其性不移。相国吕不韦，昔为阳翟大贾，贱人也，往来贩贱卖贵，家累千金，士大夫耻之。为贾者，如飞蝇逐臭，惟利是图，只见一日之得失，不晓百年之祸福。今窃据相国之位，吾知其必不得长久。虽如此，吾将往投之，且秦国之事，皆决于吕氏之府，秦国之政，皆出于吕氏之门，晋身之阶，舍此无它。忍小辱而就大谋，吾将往也。"

就这样，带着自己的雄心壮志，李斯信心满满地来到吕不韦的丞相府。他当时的想法实在很天真，他自以为凭自己的才能和本领，一定会立即被丞相吕不韦赏识，并且被奉为上宾的。于是，李斯装出了一副轻车熟路的样子，他大方地迈步走向丞相府，却被门口的武士厉声喝住："好生不懂规矩的家伙，丞相是你想见就能见的？"李斯原本还信心满满要去当吕不韦的座上宾，现在却连丞相府的大门口都进不去，他气得浑身发抖，眼睛似乎都要喷出火来了，他非常生气地怒视着眼前的武士。武士将李斯的眼神理解为一种挑衅，他们最不怕的，就是李斯这种人了，几个身强体壮的武士立刻走了过来，将李斯一顿好揍。这些武士可能永远都不会想到，他们这一顿揍，在不久之后，就让他们付出了惨重的代价——人头落地。

这天，李斯在街上闲逛时，遇到了一个叫郑国的人，两人一见如故。于是，他们就一起跑到咸阳的小酒馆里喝酒。这个郑国是战国时代有名的水利专家，在后面的故事里，我们还会提到他。郑国在听完李斯的遭遇后，深表同情，他想了想说道："我曾经与丞相有故旧之谊。如果先生不嫌委屈的话，可以暂且充作郑某之仆从，就可以走进丞相府，见到丞相了，君得见悦之。相

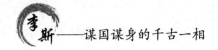

国悦君，愿君莫忘郑国引见之功。"

李斯当下非常高兴地同意了郑国的建议，话说这一日，李斯终于站在了丞相吕不韦的面前。这一天的会面场景，李斯已经在大脑里预演过无数遍了。所以，他非常清楚自己来吕不韦这里的目的，他要用他的思想和口才一举征服吕不韦。

吕不韦是当时秦国的国相，他曾经成功地扶植过一代秦王，现在又被新上任的嬴政尊称为仲父。

新的问题又来了，丞相吕不韦是可以见到，但是，人家吕不韦手下门客众多，初来乍到的李斯，又怎么能让吕不韦记住自己呢？接下来，就要考验李斯是否有真本领了。

这一天，李斯见到丞相吕不韦。刚一见面，李斯稍微客套了几句，就直言不讳地说："听闻丞相的门客有三千人，而丞相又是天下第一良臣，所以，恳请丞相把三千门客全部都杀了。"

看来，李斯为了博得丞相吕不韦的深刻印象，真是走了一步险棋啊！吕不韦听了李斯的话深觉不解，他手下的三千门客大都是人才，自己为什么要大开杀戒？更何况要杀的还都是自己辛苦积累下来的人才，吕不韦面露不悦，问道："为什么要杀？"李斯表面却十分淡定，至于内心是否已经开始打鼓，就无人知晓了。只见，李斯不紧不慢地说："丞相，您今时不同往日，如今新上任的少主生性多疑，丞相身为人臣，而您不但身居高位，门下还网罗了天下人才，这难道不会让少主觉得丞相有二心吗？更麻烦的是，丞相手下的众门客里面万一有那么几个糊涂蛋，仗着您的威名，在外面背着您胡作非为，岂不让世人误解了丞相？"

丞相吕不韦听了以后，觉得李斯说得也有道理，可是自己门下毕竟有着三千条人命，这怎么能让他下得去手。吕不韦想到这里，不禁面露难色，他十分为难地说道："你的话是有道理，可是，三千条人命，本相实在是不忍心。"

李斯见自己的话得到了丞相的认可，心中乐开了花，不过，表面上他还是十分淡定，面色没有任何起伏，李斯回答说："丞相若有此担忧，倒也未必需要全部将三千门客杀尽，在下有一个好方法，既可以让丞相高枕无忧，又可以保全三千门客的性命。"

丞相吕不韦一听，立刻追问："你有什么办法？"

李斯微笑着说："丞相，您可以让这些门客去修书，让他们忙起来，人一忙起来的时候，就没有闲工夫乱来了。这样，您还

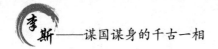

会得到好名声。"

丞相吕不韦听了李斯的建议,让他的三千门客开始修书,《吕氏春秋》就是这些门客编出来的。在此以后,以布衣上场的李斯开始崭露头角,成了吕不韦的座上宾,开始了他在秦国的职场生涯。

应该说,李斯和吕不韦的初次会面,李斯还是取得了相当丰厚的战果的。但是,在这之后,李斯一直清醒地告诫自己:成功? 我才刚上路而已。根据吕不韦的安排,李斯被安置在代舍,要知道这可是上等人才能居住的地方。看来,吕不韦是真心喜爱李斯的才能,但是也不知道为什么,吕不韦却没有重用李斯,到最后,他只给了李斯一个小官:郎。郎是郎中令的下属,主要职责就是掌守门户,出充车骑。主要工作呢,就是在秦王嬴政外出的时候,做持戟护卫,跟在秦王的马车后面一路小跑。李斯看着时间就这么一天天悄然流逝,而他自己的工作却毫无进展,内心不禁有些惶恐,而这惶恐一日甚一日,看来,李斯可不是一个有耐心的人。

说到这个丞相吕不韦,那也算是一个江湖高手呢。相信大家都知晓一个成语"奇货可居"，这个成语就是吕不韦创造的。"奇货可居"是指把少有的货物囤积起来，等待高价出售，也比喻拿某种专长或独占的东西作为资本，等待时机，以捞取名利地位。但是，厉害的吕不韦，可绝对不是只知道购买低价奇货的小商贩。根据《史记·吕不韦列传》中记载："吕不韦贾邯郸，见（子楚）而怜之，曰：'此奇货可居。'"

原来，在战国的时候，吕不韦最初只是一个大商人，这位商人总是四处寻找商机。这次，吕不韦来到了赵国的京城邯郸想要做一笔大生意。一个非常偶然的机会，吕不韦在路边看见了一个气度不凡的年轻人。

吕不韦就寻问身边的人说："这个年轻人是何人啊？"

旁人连忙介绍道："这个年轻人是秦昭王的孙子，太子安国君的儿子，名叫异人，现在正在赵国当人质。"吕不韦从旁人口中得知，异人在赵国很不受待见。当时，正值秦国和赵国两国经常交战，赵国把对秦国所有的怒气都撒在了异人的身上。赵国有意降低异人的生活标准，弄得这位贵族公子生活得非常贫苦，甚至在天气最寒冷的时候，他连一件能够御寒的衣服都没有。

　　吕不韦是一个非常精明的商人，他立刻发现此人值得投资。现代的我们在买股票时，都知道低吸高抛，吕不韦也是。可是，从股市上来看，异人可是一个名副其实的垃圾股啊。吕不韦从旁人那里了解详细情况后，他立刻想到，如果在异人的身上投资，那么极有可能就会换来难以计算的利润。他甚至还自言自语地说："此奇货可居也。"意思是把异人当作珍奇的物品贮藏起来，等候机会来临时，就会卖上个大价钱。自此，成语词典上就多了"奇货可居"这个成语。

　　当时秦国的国君还是秦昭襄王，秦国的太子是安国君，而这个异人就是安国君的儿子。但是，太子安国君有好几十个儿子呢，安国君记不记得异人都不知道呢！更何况，异人的母亲本就不受安国君的宠爱，这才让异人到赵国成了质子。那么，大商人吕不韦如何让垃圾股能成为黑马股呢？我们暂且停下疑问，继续跟着吕不韦的脚步前行。

　　吕不韦回到寓所后，没有直接回自己的房间，反而去了他父亲的房间，他问道："父亲，您说种地能获多少利？"他的父亲也是一个老商人，立刻回答说道："十倍。"

吕不韦接着又问："父亲，那贩运珠宝，能获得多少呢？"他的父亲不紧不慢地又答道："百倍。"吕不韦继续接着问："父亲，如果有人能把一个失意的人扶植成国君，那么，他会掌管天下钱财，这个人又能从中获利多少呢？"吕不韦的父亲听后，吃惊地摇了摇头，说："我的儿啊，那可没办法计算了。"

吕不韦听了他父亲的话，心中开始盘算着一盘大棋，他决定自己要做这笔大生意。吕不韦做好了计划表，就开始立刻实行。他首先拿出了一大笔钱，他用这笔钱买通了监视异人的赵国官员，在私下里结识了异人。吕不韦开门见山地对异人说："我能够想办法，让秦国把你赎回去，然后还能想办法立你为太子，如果一切都进行得顺利，你很快就能够成为未来的秦国国君。你的意见如何呢？"

在赵国吃不饱、穿不暖的异人一听吕不韦要赎自己回秦国，还要想办法让自己成为秦国太子，他心里真是又惊又喜，连忙说道："先生所说的都是我求之不得的好事，如果真的有那一天，放心，我一定会重重报答先生。"

吕不韦听了异人的话，安排他先在赵国再耐心等候些时日，自己则立即去到秦国。到了秦国以后，吕不韦又拿出一大笔重金贿赂了安国君左右的亲信，有钱能使鬼推磨，在安国君亲信们的巧妙操作下，很快，异人就被赎回了秦国。读到这时，可能很多读者就产生疑问了，这个异人在老爸秦国太子安国君那里也不受待见啊，吕不韦把他弄回秦国又有何用呢？

原来，吕不韦发现了能让异人这个垃圾股成为黑马股的商机：事情是这样的，安国君最宠爱的华阳夫人，没有儿子。这个在商人的眼中应该就叫"市场空白"吧。吕不韦如果能把异人过继给太子安国君宠爱的华阳夫人，那么，不受待见的异人不就可以从垃圾股脱胎换骨，变成黑马股了吗？

吕不韦开始实行他的第三步计划，依然是用重金，只是这回要贿赂的是华阳夫人以及她身边的人。

金钱再次给吕不韦开通了道路，他用重金和大量奇珍异宝打动了华阳夫人，再加上华阳夫人身边有被吕不韦贿赂的人帮忙，华阳夫人最终同意把异人过继给自己。就这样，吕不韦完成了自己的第三步计划，让异人成为华阳夫人的养子。这下，乌鸦变凤凰。毫不起眼、备受怠慢的异人，在吕不韦的操作下，一日之间就成了安国君的接班人，也就是未来国君的继承人。吕不韦也成功地将手中的垃圾股转化成了黑马股，异人这只股票一飞冲天。

接下来的第四步计划，就需要吕不韦等候时机了，这段时间，吕不韦一直按兵不动，只等机会。直等到秦昭王死后，安国君即位，史称秦孝文王，在华阳夫人的帮忙下，吕不韦手中的股票——异人被顺利立为太子。接下来，又是等候时机，老天爷真是帮吕不韦的忙，孝文王在位不久后就死了，这时，到了计划开花结果之日了。太子异人后来即位为王，即秦庄襄王。

可想而知，由之前备受凌辱的质子变成一国之君后的庄襄王，他对吕不韦的拥立之恩有多么的感激，异人成为庄襄王后，立刻拜吕不韦为丞相，并封其为文信侯，还把河南洛阳一带的十二个县作为封地，以十万户的租税作为俸禄。吕不韦在这笔大生意中，真是饱赚不少，他由此一跃成为大秦丞相。

庄襄王死后，太子政即位，即后来的秦始皇，称吕不韦为仲父。吕不韦权倾天下，而我们的李斯就是在这个时候找到吕不韦，并得到了他的赏识的。

有一天，已经是丞相吕不韦门客的李斯又来找吕不韦，并且向他推荐了一个门客——嫪毐。李斯向吕不韦报告说："嫪毐这个人并没有什么才华！""那你向我推荐他什么？"吕不韦不解地问，心想：这个李斯啊，总喜欢卖关子，不过，这也没有什么不好。李斯走近前来，轻声对吕不韦说："此人床上功夫极好，利用价值很大。"吕不韦嘴角微微上扬，心领神会。

不久之后，吕不韦就把嫪毐招进了丞相府，在对其进行了一番培训后，吕不韦又迫不及待地将嫪毐献给了赵太后，果然这个嫪毐真如李斯所说，深得赵太后的宠幸。

其实，李斯并不甘心只为吕不韦工作，他心中还在谋划着更大的计划。他正在下一盘大棋，他当然不会让这个只会床上功夫的嫪毐坐大，然后自己再去投靠这么一个男宠，去做一个男宠的军师。李斯心里非常清楚，吕不韦已经功高震主，所以，他的政治时日应该不会太长了，而嫪毐只不过是一个跳梁小丑，随时可以被灭掉。事实也证明，一切正如李斯所预料的一般，没过多久，吕不韦就因为争权而被流放，而那个嫪毐也因为谋反被杀死了。

三、崭露头角　辅佐嬴政

在秦王嬴政刚刚继承王位的时候，秦国一直是丞相吕不韦掌权的，而李斯就在吕不韦手下做了一个努力奋斗的门客。他不断地在吕不韦面前用尽各种方法展示自己的才能，最终，吕不韦推荐李斯到秦王的宫中做了侍卫官。这一下，李斯的平台就又大了，他也因此迎来了人生的转机，因为他终于有机会与秦王嬴政正面接触了，按照李斯仕途翻转的"硕鼠哲学"来说，这就好比是从厕所出来，经过了包装以后，被送进了粮仓啊。

不过，回到现实中，李斯现在还只是一个小小的侍卫官，他如果想要实现自己的人生理想和抱负，就必须要见到秦王。

这一日，秦王嬴政来到了兰池宫赏梅。李斯和其他郎官一起在殿前侍卫。李斯此时再也等不下去了，他的内心已经被一种强烈的激情所控制。李斯心想：今日不管如何，我都要拼一拼，我即使擅闯宫殿，也一定要见秦王嬴政，否则，我恐怕永无出头之日。想到这里，李斯的脚步开始慢慢向宫殿移动。王绾远远看见李斯走了过来，他连忙迎上前去，急切地问道："李兄，你这是要做什么啊？请速回，此地并非你所能进入的。"李斯压低声音，说道："吾欲见秦王，望王兄通融。"

这个王绾乃世家之后，他为人颇有才干和智慧，平时与李斯的私交也甚好。王绾素日就知晓李斯是一个有大才干的人，于是，也想着要帮李斯一把。王绾低头沉吟片刻，突然抬头向李斯使了一个眼神，并问道："李兄欲见秦王，莫非是奉了相国之命？"李斯立刻心领神会，王绾这是在帮自己啊，他连忙回答道："正是。王兄大德，李斯没齿不忘。"

就这样，李斯带着一颗上下乱窜、狂跳不已的心，一步一步、心惊胆战地跨入了宫殿中。秦王嬴政以前从来都没有见过李斯，他略带好奇地打量着眼前这个陌生人，问道："你是何人？未得传召，因何至此？"李斯头都不敢抬，连忙回答道："臣李斯擅闯宫殿，自知死罪，然为大秦社稷之故，不敢不剖心陈词于吾王。愿吾王听之。"秦王嬴政仔细把李斯打量了一番，见他仪表非凡，便招招手，道："上前。"

李斯却没有即刻上前，他说道："吾王宅心仁厚，初见臣而无半点疑心，臣却不敢不自明行迹。而后方能进言。"说完话，李斯就连忙解衣，直至赤裸，以表示自己身上并没有任何凶器。李斯上殿，秦王嬴政许其对坐。

此时，一个十六岁的少年和一个三十三岁的壮年，开始纵论天下大势，相谈甚欢。

两个人这一刻的会面，决定了秦国未来的二十三年的国家发展，他们的会面也影响了未来的两千多年。李斯为嬴政画出了一个帝国的蓝图，嬴政促成了一个帝国的竣工。

就这样，通过和李斯的谈话，秦王嬴政也看到了一个更广阔的天地，原来，秦王嬴政早就已经有了想要图谋六国的心思，他也正在寻找机会希望自己可以统一天下，于是秦王嬴政立刻任命李斯为长史，主要工作就是负责挑拨和离间六国。李斯再一次运用了谈话技巧，成为站在秦王嬴政眼前的人。

相信大家一定十分好奇，李斯到底跟秦王嬴政谈了什么，使他一下子就得到了秦王的赏识呢？

原来，李斯是跟秦王嬴政谈了自己对天下的看法，他谈话的大概意思就是，在世间凡是想要干成大事业的人，都必须学会抓住时机。如果，现在秦国依然选择静坐等待各诸侯国的衰败，那么，恐怕大王就会失去良机。秦国现在需要趁着各个诸侯国有机可乘的时候，进行一场颠覆性的破坏活动。

我们秦国的祖先们，早就已经有了想要统一天下的雄心壮志，可无奈那个时候，一切时机还都不成熟。过去曾创下霸业的秦穆公，虽然那个时候国力强盛，却一直都未能完成天下统一的大业，始终没有办法兼并东方其他诸国，究其原因还是因为时机不够成熟。因为在秦穆公时期，各个地方诸侯还有很多，而且当时周朝的威望在各个诸侯国中，还没有完全衰败，所以齐桓公、宋襄公、晋文公、秦穆公、楚庄王这五个霸主，一个接一个兴起，相继推尊东周王室。

但是，自从秦孝公以来，掌握天下的周天子算是彻底衰落了下来，东周王室的势力极速下滑，甚至可以形容为卑贱微弱，天下众多诸侯之间互相争斗，各国相互吞并，连年战争不断，函谷关以东的地方形成六国并峙的局面。秦国乘势逐渐征服六国，迄今已有六世了。在这期间秦国才得以乘机强大起来。通过这些年的努力，秦国已经越发强大了，而放眼望去，天下的其他国家却是越发衰弱，此时统一天下的最佳时机已经到来。现今诸侯都被秦国征服，好像直接隶属于秦国的郡县一样。

大王应该快马加鞭，快速送其他六国走上灭亡的道路。天赐良机，再加上现在的秦国力量十分强大，再加上大王的贤明，简直像妇人扫除灶上的尘垢一样，轻而易举就可以消灭其他诸侯，建立帝王的业绩，完成天下的统一，这是万世难逢的唯一时机呀！大王可千万不能错过啊！

如果秦国现在疏忽怠慢而不赶快抓住时机，等到天下各诸侯国势力渐渐恢复以后，他们会再度强大起来，那么他们也许就会相互团结，各国之间订立合纵的盟约。等到那个时候，大王您即使有黄帝那样了不起的才干，恐怕也再没有办法吞并天下诸侯了。而对于那些诸侯国内的知名人士，只要可以用财物收买过来，就全部赠予丰厚的礼物，拉拢他们归附秦国，至于那些不肯被金钱收买的人，就将其暗杀。

秦王认为李斯的见解是正确的，他也十分欣赏李斯。于是，秦王听取了李斯的离间各国君臣之计，并在李斯的建议下，派出说客去其他六个国家散播秦国必胜的言论，并调查出六个国家中

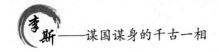

的能人名臣，对于这些能人名臣也是采取能收买的就收买，实在不能收买的，就尽量想办法杀掉，秦王先用这种手段破坏诸侯各国君臣之间的团结，先做好对六国内部瓦解的工作后，才开始对其中的某一个国家大军压境。

而在灭六国的问题上，李斯还向秦王提出了"先灭韩，以恐他国"的吞并顺序。李斯的提议，再一次得到了秦王的赏识，因而他被秦王提拔为长史。而先前李斯劝秦王派人持金玉去各国收买、贿赂、离间六国的君臣，也收获到了很好的效果，秦王一高兴，又封李斯为客卿。

四、一篇雄文　流传千古

李斯靠着自己的三寸不烂之舌，凭着自己出口成章的口才，以及他那大胆而又敏捷的思维，在秦王嬴政那里得到赏识和封赏。就在李斯春风得意之际，就在他的仕途大门已经打开之时，一场祸事正悄悄向他靠近。

一日，秦王嬴政突然下令，为铲除其他诸侯国安插在秦国的内奸，必须要把所有外国人全部赶出秦国。这到底是怎么回事呢？

原来，正当秦王嬴政怀着雄心大志，想要一统六国的时候，韩国最先被惊动了。韩王听闻强大的秦国在灭六国的顺序上，要先拿韩国开刀，这让韩王为之坐立不安。野心勃勃的秦王先来打自己了，自己硬扛，肯定是打不过，因为实力实在是不允许。可是，韩王也不甘心就这么被秦国吞灭，他赶紧召集手下谋士、将领，大家昼夜思考办法。别说，人家韩国还是有能人的，最终，韩王找到了一个不用动一兵一卒，就可以达到牵制秦国向自己进攻的好办法。

在韩王的操作下，秘密地派送了韩国的水工郑国到秦国。水工郑国到了秦国以后，就开始鼓动秦王修建水渠，目的是想要通过修建大工程削弱秦国的人力和物力，以牵制秦的东进。后来，秦国宗室贵族得知了韩国派来的水工郑国是要通过修渠灌溉来消耗秦国力量的阴谋，立刻向秦王进谏，希望可以下令驱逐一切别国客卿。

最初，李斯在刚刚升任廷尉后，他所做的第一件事就是促成郑国渠的继续修建。从前文我们可以得知李斯和郑国早就相识，只是李斯并不知道修建水渠是韩国策划的阴谋。虽然，韩国的诡计被揭穿，但是如果郑国渠得以修完，郑国渠的作用就会与韩国想象的相反。畅通的郑国渠会让关中不再缺水，这对于关中的农业发展将起到关键性的作用。

而就在这时，东方的各国也都纷纷效仿韩国，向秦国派送间谍。秦国的大臣们对所有外来的客卿意见很大，他们也纷纷上书对秦王说："各个国家来秦国的人，他们大多带着自己的目的，很多外来的客卿大抵是为了他们自己国家的利益而来秦国专门做破坏性工作的，恳请大王下令把其他诸侯国来的客卿一律驱逐出境。"在众大臣们的提议下，秦王嬴政下了逐客令，李斯也在被逐之列。

刚刚进入秦国的李斯就要被驱逐出去，他自己感到很委屈。但是，秦王已经下了逐客令，又有哪一个外国的客卿敢违背命令呢？李斯无奈地开始收拾行李，不过，他在临走前还是想争取一下，他给秦王嬴政写了一封信，劝秦王不要逐客，这就是有名的《谏逐客书》。只见，李斯沉着地坐在案旁，早有仆人准备好竹简，磨好了墨。李斯提起笔，微微一沉思，就在竹简上笔走龙蛇，一鼓作气。李斯的这篇谏书其实早就在他胸中酝酿已久，因为没有人能比他更懂得秦王嬴政的心思，也唯有他知道如何才能打动秦王嬴政。

《史记》中记录了这一篇流传千古的雄文：

斯乃上谏书曰：

臣闻吏议逐客，窃以为过矣。昔缪公求士，西取由余于戎，东得百里奚于宛，迎蹇叔于宋，来丕豹、公孙支于晋。此五子者，不产于秦，而缪公用之，并国二十，遂霸西戎。孝公用商鞅之法，移风易俗，民以殷盛，国以富强，百姓乐用，诸侯亲服，获楚、魏之师，举地千里，至今治强。惠王用张仪之计，拔三川之地，西并巴、蜀，北收上郡，南取汉中，包九夷，制鄢、郢，东据成皋之险，割膏腴之壤，遂散六国之从，使之西面事秦，功施到今。昭王得范雎，废穰侯，逐华阳，强公室，杜私门，蚕食诸侯，使秦成帝业。此四君者，皆以客之功。由此观之，客何负于秦哉！向使四君却客而不内，疏士而不用，是使国无富利之实

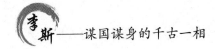

而秦无强大之名也。

今陛下致昆山之玉，有随、和之宝，垂明月之珠，服太阿之剑，乘纤离之马，建翠凤之旗，树灵鼍之鼓。此数宝者，秦不生一焉，而陛下说之，何也？必秦国之所生然后可，则是夜光之璧不饰朝廷，犀象之器不为玩好，郑、卫之女不充后宫，而骏良駃骒不实外厩，江南金锡不为用，西蜀丹青不为采。所以饰后宫充下陈娱心意说耳目者，必出于秦然后可，则是宛珠之簪，傅玑之珥，阿缟之衣，锦绣之饰不进于前，而随俗雅化佳冶窈窕赵女不立于侧也。夫击瓮叩缶弹筝搏髀，而歌呼呜呜快耳（目）者，真秦之声也；《郑》《卫》《桑间》《昭》《虞》《武》《象》者，异国之乐也。今弃击瓮叩缶而就《郑》《卫》，退弹筝而取《昭》《虞》，若是者何也？快意当前，适观而已矣。今取人则不然。不问可否，不论曲直，非秦者去，为客者逐。然则是所重者在乎色乐珠玉，而所轻者在乎人民也。此非所以跨海内制诸侯之术也。

臣闻地广者粟多，国大者人众，兵强则士勇。是以太山不让土壤，故能成其大；河海不择细流，故能就其深；王者不却众庶，故能明其德。是以地无四方，民无异国，四时充美，鬼神降福，此五帝、三王之所以无敌也。今乃弃黔首以资敌国，却宾客以业诸侯，使天下之士退而不敢西向，裹足不入秦，此所谓"籍寇兵而赍盗粮"者也。夫物不产于秦者，可宝者多；士不产于秦，而愿忠者众。今逐客以资敌国，损民以益仇，内自虚而外树怨于诸侯，求国无危，不可得也。

这封信大概的意思是说：我听说秦国的大臣们纷纷建议要将所有的外国客卿驱逐出境，在我看来，这种做法是相当错误的。

回首从前，秦穆公为了能够招揽天下贤才，他从西戎争取了由余，从东边楚国宛地赎得了百里奚，甚至还派人去到宋国迎接蹇叔，还从晋国聘来公孙支、丕豹。上面我所说的这五位贤人，全都不是出自于秦国，可是，秦穆公依然选择从远方把他们请来，并且任用他们，结果，秦穆公集天下贤能者之力，吞并了二十多个国家，这才得以称霸西戎。

而孝公用了商鞅的新法，使整个社会都得以转移风气，改变习俗，让百姓因此得以丰盛殷实，国家也因此变得富足强大起来。百姓安居乐业，也开始有余力愿意为国家效力，而各个诸侯也愿意归附亲近。所以，孝公先后击败魏国和楚国的军队，获得了领土千里之多，直到现在，还是政治修明，国力强盛。这一切，难道就没有商鞅的功劳吗？

再看看，惠王他选择用了纵横家张仪的计谋，先是攻下三川地域，接着西边发兵吞并巴、蜀两郡；北边得上郡；南边攻取汉中，包围九夷各部，控制鄢、郢一带；向东占据成皋险要地区，割取肥沃土地。惠王运用张仪的计划，最终拆散了六国的合纵，这让天下各个诸侯都争着抢着向西事奉秦国，功业则一直影响到今天啊！这一切，难道跟张仪一点关系都没有吗？

昭王任用范雎为自己的丞相，在范雎的提议下，罢免了穰侯魏冉，斥逐华阳君芈戎，加强对于王室贵族的管理，堵塞权贵们的私门。他们的计划，就好像是蚕吞吃桑叶一般，正在逐渐地征伐诸侯们的土地，最终为秦国奠定了帝业的坚实基础。

以上我列举的四位君王，他们的丰功伟绩不都是依靠客卿的功劳吗？

由此可见，这些历史事实也在向我们证明，客卿有哪里是对不起秦国的呢？假如，过去的四位君王也像今日这般，驱逐客卿，不能对外来的客卿给予容纳，反而疏远天下的贤才而不重用，那么，国家就不会拥有雄厚的实力，没有雄厚实力的秦国也不会有强大的威名了。

现在，大王已经得到了昆山所产出的美玉，随候的明珠和卞和的宝璧，挂着明月珠，佩着太阿剑，驾着千里马，竖着翠凤旗，摆着灵鼍鼓。可是上面的这几件宝物，秦国一样都不出产，但是大王却可以都喜欢，这是为什么呢？难道，宝物一定要秦国生产的才可以被大王所用吗？如果是那样的话，秦国朝廷之上就不会再有夜光珠的陈设，也不会再有将犀角象牙的器物当珍宝把玩的场景了。而郑国、卫国等国的美女也不会再来到秦国事奉大王了，千里马本是上等好马，可是它却再也无法养在秦国的马棚里，而与此同时，江南所出产的那些黄金白锡秦国也不该再会使用了，而西蜀出产的丹青也无法来到秦国当作上好的颜料了。

因为，根据大王的命令，后宫所有的装饰，包括大王的姬妾，以及一些赏心如意、怡目悦耳的珍宝，都一定要出产自秦国才可以被使用。那么，接下来的日子里，缀着宛地出产的珠子的簪没有了，嵌着玑的耳坠不见了，细缯白绢的衣服消失了，甚至，织锦、刺绣的装饰也不知去了何去，这一切来自于他国的事物和人都不会进献于大王面前了。当然，那些时髦幽雅，并且娇艳贤淑的赵国美女也不会再侍立于秦王的左右了。

接下来，我们再来说说敲水瓶，打瓦缶，弹竹筝，甚至于拍着大腿，然后，自己呜呜地歌唱，这些可以快活人听觉的音乐会一直响起，因为这是地道的秦国音乐；而那些郑卫桑间的靡靡之音，虞舜箫韶，周朝武、象的古乐，却都是来自外国的音乐。

现在的情景却是舍弃了敲打水瓶、瓦缶，而选择去听郑卫的歌曲，不再弹竹筝而是去欣赏箫韶武象的古乐，大家这样做是为什么呢？其实，也没什么，只不过是觉得称心快意于当前，人们喜欢适合观赏罢了！不过，现在的用人却不是这样了，秦国的人们开始不问是非，无论好坏，只要不是秦国人，就不能用了；外国来到秦国做客卿的，就要被驱逐出境。

看看现在，外国的珍宝还在秦国，女色也在秦国，音乐也在秦国。反而，那些来秦国的人才却要被驱逐出境了，看来，秦国所看重的仅仅只是女色、音乐、宝珠、美玉，所轻视的却是天下人才了。

我想，这真的不是要统一天下，控制各方诸侯的办法呀！

我曾经听说过土地广，就会多产粮食，一个国家大，那么他的人口就会众多，一支军队强盛，他的士卒就会更加勇敢。所以，放眼大自然，巍峨的泰山从来不排斥投靠它的土壤，小小的土壤也能够成就泰山的高大；天下河海从来不会拒绝小水溪的到来，小小水溪才能成就大海的深广；一国的君王不抛弃小民，才能够彰显传扬他的盛德。

所以，土地从来就不会分成东西南北，天下人民也根本不会分出本国外国，终年寻求充实、寻求美好，鬼神也会因此降福泽给他，这才是五帝三王能够无敌于天下的真正原因啊！现在，大王却选择要抛弃天下来投靠您的小小人民，反而选择去帮助、成就你的敌国，大王听群臣的建议，开始排斥外来的宾客，这不是让他们都去事奉其他的诸侯国吗？大王的逐客令使得天下的人才，尽都退缩不敢西来，他们的脚步不会再踏入秦国的大门。大王啊，您的这种做法就叫做借兵器给敌人，送粮食给盗贼啊！试想，不是秦国出产的物品，称得上珍贵的还是有很多的；不是出自于秦国的人才，但是愿意忠心事奉秦国的

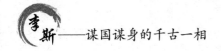

also

also不少啊！

现在，大王却是要驱逐外来的客卿，让他们只能去资助敌国，大王您是在减损自国的人民，去增强仇敌的力量啊，这样做，怎么能不使得国内空虚，而外面又和诸侯结怨，这种情况下，大王若是还希望国家不遭受危险，那是绝对不可能的了。

李斯的这封《谏逐客书》，文字上情词恳切，理论上也如实地反映了秦国历史和秦国当时所处的实际情况，而他的上书也代表了当时所有有识之士的见解。因此，李斯的这篇《谏逐客书》成为历史名作。

秦王看到李斯的《谏逐客书》后，深深被打动，如梦方醒，同时也被自己的危险举措惊得一身冷汗。秦王明辨是非，果断地采纳了李斯的建议，立即下令取消了逐客令，还特意把李斯找了回来重用，李斯被封为廷尉。重新进入秦国中枢之后，李斯在工作上更卖力了，可以说嬴政能统一天下变成秦始皇，这其中也饱含了李斯的辛勤汗水。也真的就如他的《谏逐客书》中所写，他这个外国的客卿也真的为秦国的一统天下立下了汗马功劳。

第二章

李斯波澜起伏的政治生涯

一、吕不韦的败笔　李斯放长线

楚国的小吏李斯，不甘于碌碌无为，便跑到了秦国，渴望成就一番大事业。

少年气盛的秦王嬴政，一听李斯进献的"万世之一时"的时机，与"灭诸侯，成帝业，为天下一统"的大计，李斯立刻得到重用。

当时，李斯在秦国遇到的第一位生命中的贵人——吕不韦，他在朝廷上已经官拜丞相，不但如此，吕不韦还成为秦王嬴政的仲父。吕不韦在秦国的朝堂上，可以算得上是权倾朝野，这让原本只是一个商人的他，也有些飘飘然了。偶尔他在处理朝务时，他甚至都不问问秦王嬴政的意见，就私自处理了，以至于一些重要的朝务，秦王嬴政居然成为最后一个知道的人。

　　吕不韦曾经在进行田地制度时，做了一件错事。原来，在从前秦国士兵争战的时候，朝廷都是以士兵能砍掉敌人多少个首级来计算这个士兵的战功。如此一来，军队中的将领和士兵纷纷奋勇杀敌，敌人的首级频频落地。这是好事，但是也有弊端。秦军为了获得战功，便不停地收割人头，甚至是城里的平民百姓，也都被砍杀。以至于秦国攻下一座城之后，那座城就变成了空城，所有的人都被秦军砍杀了。被攻下的城里土地没有人耕种，便荒废了。吕不韦见此现象需要制止，就私自取消了军队中的首级制，他把原来的首级制转变为根据占领土地的面积，来计算军功。这样一来，秦军只需要攻下城池，不必把城中的平民百姓也都杀死，百姓在，就有人耕种土地。但是，每一制度的改革都不是那么顺利的，有一位老将军对于吕不韦的田地制度提出了反对意见。吕不韦甚至还为此当堂就贬斥了这位在秦国战功累累，却反对他进行改革的老将军。

　　其实，从长远的角度考虑，吕不韦施行的这个措施，是对国家非常有利的。但是，不知是吕不韦的做法在当时的环境下，思想过于先进了，还是吕不韦过于独断专行了。他的一系列举动，并没有跟秦王嬴政仔细商讨过，所以，嬴政也被搞蒙了。此时秦王嬴政的心里没办法理性地去思考吕不韦的措施是否对国家有利，他满心觉得憋屈。吕不韦的专权，分明没有把自己这个秦王放在眼里呀，自己在他的眼中只是一个有名无实的大王。秦王嬴政开始怀疑吕不韦对自己的忠心，也因此对他心生芥蒂。再加上后来，吕不韦在罢免麃公这件事上，压根就没有问过嬴政的意见，自己直接就把麃公给免了。这让秦王嬴政的心里更加不痛快。

其实，吕不韦错就错在他太自信了，他自认为自己是看着嬴政长大的，只有他才最了解嬴政，但是，吕不韦却忘记了一件非常重要的事情，嬴政是一个帝王。自古以来，帝王卧榻之侧，岂容他人酣睡。从古至今，又有几个君王能容得手下大臣功高震主？尽管，李斯在吕不韦的丞相府曾经提醒了他。但是，吕不韦依然没有真正把李斯的话放在心上。这也导致吕不韦在作死的道路上越走越近，最后甚至发展到吕不韦无视自己与帝王之间的差异性，他不止一次告诉秦王嬴政，你大可以尽情享受，没有必要什么事都亲力亲为，有什么事情只管交给我去做。吕不韦想把嬴政变成像公子小白那样的人，他的做法相当于架空了嬴政的权力。

　　但是，吕不韦错了，嬴政可不想做一个平凡的帝王。他怎么可能赞同吕不韦的无为思想，他的骨子里认为无为而治就是一个碌碌无为的君王所做的事。最初的时候，丞相吕不韦既把持朝政，又在私下里与太后赵姬偷行男女之情。后来，吕不韦担心渐渐长大的秦王嬴政会发现他与赵太后的苟且之事，恐怕到那时，自己就会性命不保。于是，吕不韦想离开太后，但他又担心太后会因此怨恨自己。正当他发愁的时候，那时李斯正在吕不韦的丞相府做门客，大家肯定还记得当时李斯向吕不韦介绍了一个床上功夫了得的人，于是，吕不韦就把这个床上功夫了得的嫪毐假施腐刑，只是表面上拔掉了嫪毐的胡须、眉毛，实际上他还是一个真正的男人，就这样，吕不韦把嫪毐献给了太后，供太后淫乐。

　　太后非常喜欢嫪毐，有了嫪毐的太后，也就不想再跟吕不韦有什么瓜葛了。但是，随着秦王嬴政一天天长大，赵太后又开始担心秦王嬴政发现自己的丑事。于是，在吕不韦的帮助下，他们就骗秦王嬴政说太后寝宫风水不好，应该搬离原来的住处。秦王嬴政也没有多想，信以为真，为了孝心，于是太后和嫪毐一行人就搬到了雍县的离宫，结果这个太后居然在那里偷偷地生下了两个私生子，而假宦官嫪毐也胆大包天地开始以秦王假父自居，在太后的帮助下嫪毐还被封为了长信侯，领有山阳、太原等地，自收党羽。当时，嫪毐在雍城长年经营自己的势力，他建立了庞大的党羽，在当时的秦国中嫪毐的势力，是仅次于丞相吕不韦的另一股强大的政治势力。

而此时，秦王嬴政已经越来越不信任吕不韦了，吕不韦对秦王嬴政的屡次劝诫，希望秦王嬴政不要管理朝廷事务，再加上吕不韦的专断，就让嬴政更加怀疑他的忠心。

这个年轻的帝王，内心开始越来越讨厌吕不韦了，而吕不韦的死期也快要到了。后来，李斯又去见了吕不韦，也没有说通吕不韦。面对嬴政与吕不韦不和的局面，李斯审时度势选择了站在嬴政一边。

李斯见吕不韦不肯听他的建议，就直接回到秦王嬴政的身边，并最终选择了取代吕不韦的地位。李斯的选择被称之为"利益最大化"，司马迁说："人皆以斯极忠而被五刑死，察其本，乃与俗议之异。"(《史记·李斯列传》)

　　吕不韦的败笔不仅仅是他的政治生涯，还有他安排进宫里的人。大家一定对先前那个床上功夫了得的嫪毐有些印象吧！嫪毐被送入宫后，深得太后喜欢，太后就想封他为长信侯，太后的这个举动引起了朝堂上百官的不满。而李斯和秦王嬴政想借着这个事情做些文章，他们俩故意推波助澜，嬴政也赞成封嫪毐为长信侯，跟吕不韦抗衡。

　　原来，秦王嬴政是想联合李斯一起扳倒太后和吕不韦的势力。这样，秦王嬴政才能早日亲政，实现他想要灭六国、一统天下的伟大理想。

　　而就在这个时候，一次偶然的机会，李斯在无意中救下了一位嬴姓子弟公子虞，于是就派他去接近嫪毐，并且请他帮忙调查嫪毐杀自己的原因。其实，李斯内心非常清楚嫪毐想要杀他的原因。原来，嫪毐进宫时，是以太监身份入宫的。而李斯曾在嫪毐刚从丞相府出来准备入甘泉宫服侍太后时就拦住过他，并且十分明确地告诉嫪毐，自己知道他的身世，所以，才会向丞相吕不韦推荐他，并让他进宫服侍太后的。"假太监"这可是大罪，嫪毐吓得赶忙参拜李斯，答应以后什么事情都会听从李斯的安排。不过，从后面的整个剧情发展来看，这个嫪毐似乎并没有真正对李斯有所顾忌，甚至还开始派人暗杀李斯。嫪毐认为他自己已经是太后身边的红人了，没人敢把他怎么样。而且，嫪毐还观察到李斯这么长时间以来，一直没什么动静，他或许认为李斯是个胆小怕事之人。不管怎么说，嫪毐是没有把李斯放在眼里。

嫪毐拥有这么大的势力，难免就会有小人得志的现象。有一次，他喝醉了酒后对着一个陪他喝酒的大臣斥责道："我是秦王嬴政的假父，你竟敢惹我。"这个大臣听后很生气，而这一切都被公子虞听到了。

但是不得不说，李斯是一个套路极深之人，他故意让公子虞发现太后赵姬与嫪毐私通，并且生下了私生子的秘密。

公子虞在嫪毐身边待久了，他自然就发现了嫪毐跟太后私通的秘密，公子虞忠实地认为自己没有辜负李斯的托付，他终于找到了嫪毐想要杀人灭口的原因了。不过，发现了这天大的秘密，公子虞还是有些害怕，他担心自己也会被嫪毐灭口。于是，李斯就给他出了一个妙计，让他去秦王嬴政面前举报太后私通的秘密。李斯的这一招非常高明，他的做法，不仅保住了自己的命，而且还揭发了太后与嫪毐私通的事实。要知道，这样的王族丑闻，如果是由一个臣子李斯告发，那么他肯定活不成了，要么是被太后灭口，要么大王也不可能轻易放过他。而这丑闻，若是由嬴姓子弟去告发，那么他有嬴姓宗室庇护，结果就会大不一样了。怎么说，也算是自己家族内部的事情，公子虞自然没事。所以说李斯不仅保住了自己的命，还成功地揭发了太后的丑闻，他帮助秦王利用这件事情彻底扳倒了太后的势力。李斯在秦王的眼中自然就成了功臣，李斯在"粮仓"里的前途一片光明。

吕不韦的失败，也导致秦国最后的失败。试想，吕不韦若在执掌大权之后没有那么飘，没让秦王嬴政感觉到已经威胁到了他的王位，那么他一定可以继续辅佐秦王嬴政。吕不韦是一个非常聪明且又十分精明的人，他一定会帮助秦王让秦国变得越来越强大。那么，后来他还可以继续辅佐公子扶苏，就不会出现让胡亥即位的事情，更不会让胡亥直接带着秦国走向灭亡。

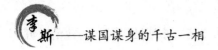

二、李斯和韩非子　相煎何太急

与李斯一起拜荀子为师的还有另外一名学生，大家也都非常熟悉，他就是韩非子。韩非子名韩非，出生于战国末期韩国的都城新郑，也就是现在的河南郑州。

李斯和韩非子作为法家的代表人物，他们共同学习法家治国之术，韩非子和李斯也是荀子的两个得意门生。然而，李斯为自己的政途陷害了韩非子。这到底是怎么回事呢？事情还得从李斯和韩非子两个人的出身说起。

我们都知道李斯只是一介布衣，可是人家韩非子就不同了，他是韩国的贵族，两个人虽然都师从儒家的荀子，然而很多人却都说韩非子的才华远在李斯之上，可以说韩非子不仅仅在出身上高于李斯，他在治国理政的才干、才能上也是远远高于李斯。

韩非子才思敏捷，知识渊博，但是，韩非子有一点恐怕永远也比不上李斯，那就是韩非子的口才。韩非子有口吃的毛病，致使他不善言辞。但是，和李斯一样，韩非子也善于著述，他的文章文采飞扬，读来气势如虹。

两个人毕业之后，李斯选择了秦国，韩非子选择了回到祖国韩国。李斯在秦国仕途一路上升，可谓是飞黄腾达。

然而韩非子在回到了韩国以后，却混得不怎么好。韩非子也是满怀治国的热情，他创立了法家学派，名扬天下。但是他的几次谏言，却都没有得到昏庸的韩王的重视。韩非子尽管是满腹经纶，但在韩国却始终郁郁不得志。韩非子先后写了《孤愤》《五蠹》《内外储》《说林》《说难》等十余万言的著作，全面、系统地阐述了他的法治思想，抒发了忧愤孤直而不容于时的愤懑。英雄无用武之地，韩非子也觉得自己满身才干无处施展，于是，愤然撰文。韩非子的老师荀子看到自己爱徒的文章后，知道了他的志向并没有实现，心中十分郁闷、痛苦，仿佛是自己的抱负无法实现一样。

后来，韩非子的著作传到秦王嬴政那里，秦王嬴政看到了韩非子所著的《孤愤》《五蠹》后，十分欣赏，他不禁赞叹："天啊！我此生要是能和这样的人（韩非子）见上一面，和他一起游玩一番，那么，我就死而无憾了！"

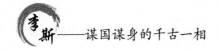

只是，秦王嬴政并不知道这两篇文章是谁写的，于是他就问李斯，李斯看了以后，告诉秦王嬴政这两篇文章都是韩非子的著作。秦王嬴政在发出"嗟乎！寡人得见此人与之游，死不恨矣！"的感叹后，为了见到韩非子，他便马上下令攻打韩国。

可见，当时韩非子的才能不仅仅在韩国大有名气，即使远在西方的秦王也得知了。秦王嬴政十分欣赏韩非子的才干，于是他有意想请韩非子辅佐自己。这时，韩非子在韩国还没有得到重用，然而，此时的韩王却听到秦王想要攻打韩国的消息。此时形势紧迫，韩王找到了韩非子，并派他出使秦国，进行谈判。

就这样，韩非子被韩王派到了秦国，秦王一听韩非子来了，非常高兴，立刻以隆重大礼相待。秦王嬴政接见了韩非子，只见公子韩非，身高八尺，面色沉静，高冠长剑，衣袂飞扬。秦王嬴政看了以后，也喟然长叹，道："人如韩非者，天下不可无一，不可无二。"但是无奈韩非子口吃得厉害，这也让他与秦王嬴政的交流很有障碍。最后，还是同学李斯建议让韩非子将自己对秦国的宏图大计写出来，再呈给秦王嬴政。

秦王得知李斯与韩非子师出同门，立刻让李斯和韩非子共商大计，秦王嬴政担心韩非子不愿意留在秦国，就让李斯想尽一切办法把韩非子留下来。在秦王嬴政面前，李斯是满口的答应。因为同出一门，再加上秦王嬴政的托付，李斯就有机会与韩非子私下喝酒。酒过三巡，两个师兄弟之间也没有了那么多的顾忌，他们开始讨论着各种各样的事情，大到国家治理，小到文字书写。喝着喝着，他们突然间说起了韩非子的著作《孤愤》和《五蠹》。韩非子非常自信，他甚至扬言说："天下能够理解我的《孤愤》和《五蠹》的人并不多，能读懂的人更是少之又少。"李斯听了以后，则不以为然地说："韩非，你自喻是管仲，你想用《孤愤》《五蠹》去刺激韩王，让韩王学曾经的小白。你是大错特错了，依我看来，现在的韩王并非小白，而你也没有管仲之见。所以，你又何必去强求让韩王学小白呢？你现在来到了秦国，就应该与我一起辅助秦王，共同完成天下一统之大业，你更不能去鼓噪秦王让韩国独自存下来。"韩非子并不肯听李斯的建议，他依然选择坚持己见。

最后，李斯只能放下酒杯，无奈地说："君命不久矣！"韩非子也没有喝多，听了李斯的感叹，立刻就明白了，连忙说："自古以来，道不同，不足与谋。"李斯又一连数次劝诫韩非子与自己一起辅佐秦王，但是韩非子都不肯听。

"你若一意孤行，到那时你我都将无生路。"李斯显得十分气愤。

韩非子也不甘示弱，道："我既为韩国公子，又受祖上恩泽，我怎么能投靠秦王。我理应报效韩国，至于我的性命又何足惧，兄弟，你若是能看在我们老师的面子上，肯放我一条生路，那么，我韩非在此拜谢。"李斯默默地端起酒杯，轻轻地摇了摇头，韩非子明白了，今日之李斯早已不是同窗时的李斯了。

果然，当秦王嬴政将韩非子的《存韩书》交李斯时，李斯同时也上书秦王嬴政《议"存韩"》，李斯在自己的上书中，明确反对韩非子的"存韩攻赵"的战略。

三、韩非入秦　暗中争斗

很快，李斯就后悔当初向秦王嬴政推荐韩非子了。从大局上讲，李斯已经看出了秦王嬴政对韩非子的欣赏与器重，他心中担心韩非子动摇他在秦国的地位。李斯深知韩非子的才华远在自己之上，如果韩非子在秦国一定会被秦王嬴政重用，那么自己也就可能成为从前英雄无用武之地的韩非子了。

李斯又找到了自己的另一位同窗——姚贾，也许是因为出身差不多的原因，比起韩非子的傲气，李斯更喜欢与平易近人的姚贾相处。姚贾是魏国人，姚贾的父亲之前只是一个看管城门的监门卒，姚贾也和李斯一样，为了求学长途跋涉去到齐国。他比李斯更穷，他一连多日没有进食，曾数次饿倒路边，后被路边的好心人救起。在饥饿难忍的时候，姚贾偷盗学宫粟穗在野外煮食被捉，正巧大师荀子路过见到此景询问缘由，荀子心善将姚贾保释下来，并收其为徒。就此，姚贾开始与李斯、韩非子同在荀子足下入稷下学宫。学成以后，姚贾去了赵国，他在赵王那里受命联合楚、韩、魏攻秦，却被秦国暗使奸计，最终，姚贾被赵国逐出境外，永不再用。正当姚贾无路可走的时候，李斯向他伸出了橄榄枝，邀他到秦国来辅佐秦王。秦王嬴政爱惜人才，他对荀子之徒的赏识使姚贾得到仅次于李斯的礼遇和赏识。

李斯、韩非，还有姚贾，他们都是攻读"帝王之术"的佼佼者，但是他们在辅佐秦王时，却有着不同的观点。李斯认为天下到了今日，已经是时候要选出一位强王来替代周朝王室了，而这一历史使命，放眼天下非秦王莫属。而韩非子则一直站在韩国的角度去考虑，他认为只要魏、韩、赵、齐四国联合在一起，那么，秦国必然会衰竭，天下就能恢复管仲时代的"尊王攘夷"。而作为同窗的姚贾却选择坚决支持李斯的观点，并且，姚贾愿意为李斯粉碎韩非子的"四国联盟"而赴汤蹈火。最后，三个同窗争议无果，不欢而散。

宴会结束以后，李斯一刻不敢休息，他开始在灯下寻找韩非子《存韩书》里的破解之法，最后，李斯偷偷地将韩非子的做法泄漏给了四国。而同窗姚贾选择站在了李斯一边，这让李斯更多了一分胜算，他选择让姚贾去"破解"韩非子的《存韩书》。

与此同时，李斯又去面见秦王嬴政，向他陈说韩非子的《存韩书》实际上是"存韩在次""谋弱秦"在先。但是，这一次秦王嬴政没有听李斯的计划，他一方面依照韩非子之策去布战，另一方面他又召见姚贾来商议。

公元前 233 年，秦王嬴政依照韩非子之策"攻赵军于平阳，取宜安"，最终却失败了。秦王嬴政出于对韩非子才能的看重，他仍然"爱不能舍"，虽然策略失败，但是秦王嬴政并没有太怪罪韩非子。而对于此事，韩非子不能释怀，他私下调查后才得知，之所以失败都是因为李斯策动姚贾游说四国，这才造成了这次伐赵失利。

韩非子得知事情的缘由后，想求见秦王嬴政细述原因。可偏偏就在此时秦王嬴政得到了让他最为焦虑的信息：楚、韩、赵、魏想联合攻秦，震惊与焦虑之下，秦王嬴政已经没有心情见韩非子了，他放弃了召见韩非子。秦王嬴政改请李斯与姚贾共同商讨对策，此时，姚贾向秦王嬴政献策——瓦解"四国联盟"。嬴政立刻准允。李斯和姚贾便运用财宝和巧舌在四国间一番周旋后，果然使"四国联盟"土崩瓦解。秦王嬴政一见大喜，封姚贾食邑一千租户税，拜为上卿。

韩非子得知李斯和姚贾出访"四国"大胜，心中更为不满，他再三请求，终于获得了秦王嬴政的接见。韩非子开门见山地攻击起了李斯和姚贾，说他们是用秦国财宝贿赂四国君王，是"以王之权、国之宜，外自交于诸侯"。更让人生气的是，韩非子居然仗着自己是贵族，开始揭姚贾的老底，说他是"世监门子，梁之大盗，赵之逐臣"，还认为重赏这种人是不利群臣的。

秦王嬴政见他们政见不同，就召来姚贾和韩非子对质。

面对韩非子的挑衅，姚贾却显得十分沉着冷静，他对答如流，说："微臣以财宝贿赂四国的君王也全是为了秦国的利益考虑，如果我只是为了自己的'自交'，那么，我又何必再次回到秦国呢？对于我的出身，我也没有什么可隐讳的，古有姜太公、管仲、百里奚等人，他们都可以证明出身低贱和名声不好无碍效忠'明主'。"

秦王嬴政明白他们二人都是难得的人才，于是，当下就要他们和好，并召来李斯，让李斯设宴款待韩非子。

李斯也终于得到了机会，他趁韩非子不在场时，就向秦王嬴政进言，说："韩非子本是韩国贵族，他自小就曾立志要为韩国效力。现在他算是韩国派来的使臣，虽然才华出众，但是，他的才华要是被韩国所用，对我们要消灭韩国那就是大碍。与其这样，还不如把他杀掉，以除后患。"

担心秦王嬴政不相信自己，李斯还找了姚贾一起向秦王进谏。姚贾说："韩非，韩之诸公子也。今王欲并诸侯，非终为韩不为秦，此人之情也。今王不用，久留而归之，此自遣患也，不如以过法诛之。"

秦王嬴政听了李斯与姚贾的进谏后，一时间竟不知道该如何是好了。秦王嬴政沉思片刻，他虽然爱惜人才，但是他也不愿韩非子为韩国效力，成为自己统一天下的大阻碍。但要杀了韩非子，秦王嬴政又舍不得。最终，秦王嬴政权衡利弊，决定先把韩非子关进大牢。韩非子想向秦王自陈心迹，却没机会进谏。

这时，有一个人帮了韩非子大忙，这个人名叫程邈，他是狱中的一个小吏。自从韩非子入狱以后，他就整日里大呼小叫，狱卒告诉程邈，说这个韩非子曾经可是个人物，秦王嬴政也非常喜欢他。但是，他现在被奸人所害，我们应该解救他。说者无心，听者有意，程邈把这话放在了心上，他曾数次探狱与韩非子交流，韩非子觉得程邈也是一个可信任的人，就将自己写的《上秦王》书交给了程邈，希望他呈给秦王嬴政。程邈接过《上秦王》，仔细认真地看了数遍后，又还给韩非子，并悄悄对他说："我可以代你复述，但是，我没有办法替你传递出去，李斯的耳目在这

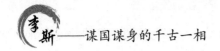

里也不少啊！"

事后，程邈回到家中，代替韩非子写了一份上书。秦王嬴政读后，方了解韩非子的真心，他觉得十分后悔，于是，立刻下令释放韩非子。

宫差领到命令后，快速赶往狱中，可是，当宫差来到大狱时，突然听到了酒杯落地的响声。宫差预感事情不妙，赶紧加快了脚步，当宫差打开狱门，看见狱中席地摆开的酒宴旁边，韩非子正在眼前摇晃着斜歪倒地，陪着韩非子喝酒的姚贾看了看宫差，脸上露出了阴笑，低声冷语道："李斯果然神算，你来迟了！"

宫差不知所措地说："我奉大王之命前来释放韩大夫的。"

姚贾却冷冷地一笑，道："李斯已经早大王一步，送他走了……至于，如何跟大王说，你自己看着办吧！"说完，姚贾就起身离去。

狱差们哪里敢得罪李斯，只好向秦王嬴政说，韩非畏罪自杀。韩非子人已经死了，秦王嬴政也不想追究什么了，事情就这样过去了。

第二章　李斯波澜起伏的政治生涯

韩非子被杀的消息很快就传到了他们的老师荀子和荀夫人的耳中，荀夫人也非常喜欢韩非子这个学生，以前韩非子在荀子门下学习时，师娘荀夫人就把韩非子当作自己的孩子一样对待。听到韩非子被害的消息后，荀夫人一气之下，病重身亡。荀子在悲伤中选择坚强，他继续办学，传授自己的学说。而荀子的女儿幽兰曾经也深爱着韩非子，面对自己最爱的人被曾经追求过自己的李斯所杀，幽兰心痛不已。

后来当已经九十岁的荀子听说学生李斯做了大秦的丞相，他不禁对正在听课的学生叹息道："儒者法先王，隆礼义，谨乎臣子而致贵其上者也。""行一不义，杀一无辜，而得天下，不为也。"

在老师荀子看来，李斯虽然有着攻伐之谋，但是他为人太过功利。他现在做了大秦的丞相，那么，秦国将来必然会因此有不测之祸。

李斯和韩非子同为荀子门下，而韩非子间接死于李斯之手让人联想到的一个故事就是之前的庞涓残害师兄弟孙膑之事。尽管惨死，但不可否认，韩非子的思想对秦国还是造成了极大的影响。韩非子一生深得老子思路的精髓，并且，他还将老子的"辩证法""朴素唯物主义"以及"法"三者融为一体。韩非子又深入研究历史，他将三位重要的法家代表人物商鞅、申不害、慎到的思想融合，主张君主应该以"道、法、术、势"结合，来治理国家。韩非子的思想是集法家之大成也，他的君王治理之术是倡导君王专制。为此，韩非子还总结出了一系列的帝王之术以及为官之道。韩非子原本是想将自己的政治主张运用在自己的国家，无奈，韩王并不看好韩非子的思想。后来，韩非子以为到了秦国，可以大展抱负，谁知，却被李斯害死。但是，韩非子的著作，秦王嬴政都通读了，他将韩非子的思想列为自己的治理方针。可以说，秦王嬴政之所以后来能够得以横扫六国，统一天下，韩非子法家思想是功不可没的。

韩非子生前曾著下的《韩非子》一书，一共有五十五篇，全书共有十万余字，是集法家大成的巨著。

四、定策天下　踌躇满志

李斯辅佐秦王嬴政以来，他前后一共陪伴嬴政走过了二十多年。在这段时间里，李斯和秦王嬴政一同奋斗，终于实现了统一天下的伟大梦想。

公元前238年，历史上的一代英主秦王嬴政在李斯的协助下，通过自己娴熟的谋政手段以及令后人诟病的残忍，铲除了丞相吕不韦和长信侯势力集团。秦王嬴政和李斯联手，彻底解决了秦国内部的政治纷争，秦王嬴政没有了吕不韦的阻拦，也正式开始畅通无阻地亲政。在接下来的日子里，踌躇满志的秦王嬴政在李斯、尉缭等人的建议下，制定了一个"灭诸侯，成帝业，为天下一统"的重要政治和军事方略，秦王嬴政开始了一统天下之举。并且，在李斯提出灭六国的顺序中，认真思考，仔细研究，最终，他们切合实际地制定了"笼络燕齐，稳住魏楚，消灭韩赵，远交近攻，逐个击破"的具体执行策略。

秦王嬴政和李斯二人组合，如同是鹿遇到溪水一般，他们先后灭了六国，最终实现了统一全国的伟大理想。在灭亡六国的期间，李斯作为廷尉，虽然不是武将，不能亲自上沙场杀敌应战，但是他在六国之间纵横捭阖，离间各个宗室，运用利益收买要员。李斯在秦王嬴政统一天下的非直接战争贡献方面，起到了十分重要的作用。

（一）灭韩国

按照李斯所说灭六国的顺序，秦始皇也同意李斯的建议，他们首先选择攻击的目标就是韩国。因为六国当中韩国的实力最弱，但在地理位置上，韩国却是秦国统一天下道路上最大的障碍。

韩国虽然实力比较弱，也没到达不堪一击的地步。韩国将领看到秦军入侵，纷纷拼死抗战，导致秦军虽然屡次进攻韩国，却均被韩国军队击退。此时，秦王嬴政又采取李斯的先瓦解敌人内部的提议。秦王嬴政在命令秦国主力军队进攻韩国的同时，秦国还对韩国采取了对韩国内部亲秦势力进行扶植，以此来对韩国进行逐步肢解的策略。

公元前231年，韩国南阳郡"假守"（即代理郡守）腾，在秦国的争取下，他向秦王嬴政献出他所管辖的属地。接下来，韩国的腾就被秦王嬴政任命为内史，后又派腾率领军队进攻韩国。因为腾对韩国的地势、军队、风俗了如指掌，所以腾进攻韩国的计划进展得非常顺利。公元前230年，秦王嬴政俘获了韩王安，韩国正式宣布灭亡。

（二）灭赵国

公元前229年，秦王嬴政觉得李斯说的人生要学会利用机会这句话非常有道理。于是，秦王嬴政利用赵国发生大地震和大灾荒的机会，立刻又派王翦领兵攻赵。赵国看到秦国来犯，也派出了大将李牧、司马尚率兵抵御秦国的侵犯，赵国和秦国双方的战争相持了一年。继续打持久战，对于秦国并没有太多的好处，在这个紧要关头，李斯又为秦王嬴政去使用先瓦解赵国内部的策划，秦国使出了杀手锏——离间计。

秦国利用人的贪心，用重金收买了赵王的宠臣郭开。拿人钱财替人消灾，秦国让郭开为他们在赵国散布李牧、司马尚企图谋反的流言。正处在惊恐中的赵王一时糊涂，居然轻信了谣言，他派赵葱和颜聚替代了李牧将军。李牧将军知道和秦国的交战已经处在紧要关头，所以，他们在大敌当前的形势下，决定为了保全赵国，拒不让出兵权。赵王也看到李牧将军的举动后，对他的疑心就更加重了，他竟然暗地派人去逮捕李牧并处死了他，与此同时，赵王又暗中派人杀掉了司马尚。赵王杀死了李牧，这无疑是为秦军亡赵扫清了道路上的最大障碍。此后，秦军攻击赵国就如同入无人之境，他们攻城略地，痛击赵军。公元前228年，秦军攻破邯郸，这样一座名城终于落入秦国之手。不久之后，失败的赵王出逃，出逃前他还被迫献出赵国的地图，宣布降秦。至此，赵国在秦国的攻击下，实际上已经灭亡了。但是，赵国的公子嘉却独自带着一伙人逃到代郡（今河北蔚县），公子嘉在代郡自立为王，称之为赵国。后来，秦军在公元前222年灭燕国之后将公子嘉俘虏。至此，秦王嬴政统一了中原地区。而李斯虽然没有和将军们一同上阵杀敌，但他在这场战场中的贡献是不可小视的。他的瓦解敌人内部的计策，为秦王嬴政扫清了战争中的障碍。

（三）灭魏国

公元前231年，魏景湣王看到秦国的势力十分强大，内心非常惧怕，于是，他主动向秦王嬴政献出了丽邑，希望以此来请求秦国可以对魏国手下留情。而此时，秦王嬴政正在集中调集兵力准备向赵国发起总攻，他压根就没想过要分散兵力去攻魏国，秦王嬴政就欣然接受了魏国的献地。而这个献地的政策也暂缓了秦国对魏国的用兵，让魏国又维持了数年的残局。公元前225年，就在秦国主力军挥师南下攻打楚国的时候，秦王嬴政派出了年轻的将领王贲，让其率领大军围攻魏国的都城大梁（今河南开封）。由于当时的大梁城防是经过多年修建而成，城防异常坚固，魏军并没出城应战，只是紧闭城门，在城里坚守不出。因为城防太过坚固，秦军久攻不下。最后，这个年轻的将领想出了水攻的办法。他命令秦军大批士卒去挖掘渠道，然后又将黄河、鸿沟的水引了过来，最后灌注进大梁城内。三个月之后，大梁的城墙壁垒因为有大量的水进入，就全被浸坍，无奈之下，魏王只得向秦国投降，魏国也正式灭亡了。

（四）灭楚国

秦王嬴政打完了北方三晋地区，并没有就此收手，他又盯上了南方。在南方的土地上，有一个大国楚国，楚国疆域辽阔、土地肥沃，那里的山林茂密，物产也非常丰富，楚国号称是拥有甲士百万的大国。楚国势力虽然强大，但是，楚国的内部政治一直不振，他们集团的贵族总是争权夺利，而这种状况一直持续到战国末期，贵族们的争斗愈演愈烈。

公元前 228 年，楚幽王去世了，楚国统治集团内部再一次发生了内讧。原来，楚幽王有一个同母弟名犹，即位为哀王，但是，犹刚继承王位仅仅两个多月，就被异母兄负刍的门徒给杀掉了。杀死了犹，负刍就成为新的楚王。内部争斗让楚国更加分崩离析，就在楚国发生内乱的时候，一直对楚国虎视眈眈的秦王嬴政和他的手下李斯又看到了机会。

公元前 226 年，秦王嬴政抓紧时机地从北方派重兵开始从伐燕前线抽调秦军，南下攻楚，秦国军队上下一心，连续夺得楚国 10 余个城池。公元前 224 年，秦国与楚国的决战就要开始了。秦王嬴政又一次派出了一位年轻将领李信，让他率 20 万秦军攻打楚国，李信由于作战经验不足，没多久就被楚军击败了。后来，秦王嬴政又派大将军王翦亲自率领 60 万秦军进攻楚国。王翦率领浩浩荡荡的秦军进入楚境后，并未马上对楚国发动攻势，反而先是总结了李信轻敌冒进的教训，他发现楚国的兵力还是很强大的。于是，王翦采取屯兵练武，坚壁不出的策略，以此来麻痹敌人，并做到以逸待劳。

就这样，王翦带着 60 万大军，在楚国度过了一年多的时间。此时，从北方来的秦军对楚地的情况都基本适应了，战士们个个士气高昂，体力充沛，早已没有了初到楚地时的不适应和劳累。

而在楚国内部，从各地被调来抗击秦军的楚国部队，已经明显有了斗志上的松懈，加上城内粮草已经不足，这些被调来的军队已经准备东归。等到被调来的楚军军队一撤，王翦立刻就抓住时机，下令秦国全军出击。王翦带着 60 万秦军一举打垮了楚军的主力部队，王翦乘胜追击、长驱直入，率领秦军挺入楚国内地，杀死了楚军的统帅项燕。

公元前 223 年，秦军的胜利一发不可收拾，接着就攻占了楚都寿春（今安徽寿县），并且还俘虏了楚王负刍，楚国也正式宣布灭亡了。

公元前 222 年，刚刚在南方战场上灭掉了楚国的秦国大军，又乘胜降服了越君，设置会稽郡。于是，长江流域全部并入秦的版图。离秦王嬴政和李斯谋划的统一大计，又进了一大步。

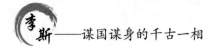

（五）灭燕国

秦王嬴政在灭赵国的过程中，他的秦国大军已经兵临燕国边境。秦国大军的到来，让燕王喜惶惶不可终日，他亲眼看着秦国扫平了三晋。接下来，秦王嬴政的下一个目标可能就是自己了，眼看秦军就要向自己杀来了，燕王却无计可施，想不出任何的对策。最终，燕太子丹想出了一个孤注一掷的暗杀行动，即中国历史上有名的荆轲刺秦王。公元前227年，燕太子丹的刺杀行动最终以失败告终。但是，秦王嬴政差一点就死在了荆轲的匕首之下，这让秦王嬴政对燕国深恶痛绝，他立即命人增兵大举进攻燕国。

公元前226年，秦军攻下燕都蓟（今北京市），燕王喜与太子丹一同逃亡到了辽东郡。秦军将领李信知道秦王嬴政十分痛恨燕太子丹，于是率领秦军数千人，穷追太子丹直至衍水。当时，太子丹因水性好，潜伏于水中才得以幸免于难。后来，燕王喜在秦王与太子丹之间权衡了一下利害关系，最终，他狠下心来，派人将太子丹杀掉，并将其首级献给秦王嬴政。燕王希望能够以此求得秦王嬴政休战，保住燕国不亡。燕王喜逃到了辽东以后，秦国的军队主力就调往了南线，开始向楚国发起进攻。

公元前 222 年，王贲奉秦王嬴政的命令，攻伐燕国在辽东的残余势力，俘获燕王喜，燕国也就彻底灭亡了。

（六）灭齐国

公元前 221 年，秦王嬴政下达命令，让将军王贲挥戈南下，去攻打东方六国中的最后一个国家：齐国。

齐国从春秋到战国中期，一直都是山东诸国中比较强大的一个。但是，在公元前 284 年的时候，燕、赵、韩、魏、楚五国联合起来，对齐发起过一次强大的进攻，虽然齐国没有彻底被消灭，但是齐国内部元气大伤。尤其是燕国将领乐毅横扫齐国，差点让齐国亡了国。在此之后，齐国就一直没有缓过来。而且，此时的齐王建又是一个无能之辈。

这个齐王建根本没有半分治理国家的才能，他母亲还健在的时候，他就完全依赖母亲，所有的朝政都是由他母亲帮着处理。在他母亲临终前，他不但没有悲伤，反而还死皮赖脸地让母亲写下可以辅佐他的大臣的名字。

公元前 249 年，齐王的母亲——刚毅不屈的君王后逝世了，后胜成为齐国的宰相。在李斯的提议下，秦王嬴政看准机会，迅速命人展开了收买齐国内应的活动。秦王嬴政让人向后胜馈赠了大量的黄金、玉器。后胜自己得到了秦国的好处，还不算，他居然又派出了大批的宾客相继奔赴秦国。秦王嬴政不但没有生气，还趁此机会对前来秦国的齐国宾客进行大肆贿赂，送给他们大量的金钱、珍宝，并且让他们回到齐国后，充当自己的内应。

从秦国回来的这批人，因为从秦王那里得到了好处，所以，他们纷纷积极地制造"亲秦"的舆论。他们都劝说齐王应该西去秦国拜访，以表示齐国愿意归顺秦国，又说齐国和秦国本就是姻亲，根本不需要备战抗击秦国。更不能去帮助三晋、燕、楚去攻打秦国。

正是在这种情况下，秦国的将领王贲挥师南下开始伐齐，齐国几乎没有任何准备，秦军在齐国的领土上根本就没有遇到过什么抵抗。秦国将领王贲率军长驱直入，来到临淄，已经吓得魂飞魄散的齐王与后胜马上就向秦国大军投降。至此，秦王嬴政灭掉了齐国。秦王嬴政算是走完了削平群雄、统一六国的最后一程。

六王毕，四海一，灾难深重的中华大地终于迎来了统一。秦王嬴政用他自己的实际行动告诉了天下人，他现在已经是天下的主子了，即使是当年的周天子，也无法与他的功业相比。而秦王嬴政的政绩自然也少不了李斯的帮助，所以，秦王嬴政一直对李斯深信不疑、宠信有加。李斯在秦国打拼得也算是顺风顺水，业绩显著。

五、统一天下　大政兴邦

六国统一后，秦王嬴政决定给自己改一个称号。原来，在春秋战国的时候，各国诸侯都被称之为"君"或者是"王"。而在战国的后期，秦国与齐国的统治者也曾一度称自己为"帝"，但是，他们这一称号在当时并不通行。现在，已经是一统天下的秦王嬴政，他觉得自己过去的称号怎么想都不能足以显示自己的尊崇和伟大的功绩，于是下令召集众大臣前来商议称号。经过一番激烈的议论，丞相王绾、御史大夫冯劫、廷尉李斯等人达成一致，他们认为，秦王嬴政"兴义兵，诛残贼，平定天下"，功绩"自上古以来未曾有，五帝所不及"。所以，他们援引传统的尊称，说"古有天皇，有地皇，有泰皇，泰皇最贵"，这几位大臣同时建议秦王嬴政采用"泰皇"的头衔，以显示其尊贵。可是，秦王嬴政对于这几位大臣给的称号并不满意。最后，他只采用其中的一个"皇"字，因有"三皇五帝"而秦王嬴政自己又在其下加上了一个"帝"字。自此，秦王嬴政为自己创造出一个称号"皇帝"，秦王嬴政将这个新头衔授予自己。从此以后，"皇帝"也就成为中国封建社会最高统治者的称谓。

而"皇帝"称谓的出现，代表的不仅是封建社会最高统治者名号简单的变更，还反映了一种新的统治观念的产生。在古代的时候，"皇"字包含着"大"的意思，古时的人们对祖先或者是一些其他神明，有时会称之为"皇"，而"帝"字是上古人们想象中主宰万物的最高天神。然而，统一天下的秦始皇将"皇"和"帝"两个字结合起来，第一，说明了他想表示自己已经拥有了至高无上的地位和权威，而他的权力是来自于上天给予的，即"君权神授"；第二，也反映了秦始皇觉得仅仅是做人间的统治者还是无法得到满足，他甚至还想当神仙。可见，"皇帝"的称号，乃是秦王嬴政将自己神化，将自己的君权神化的一个产物。

　　秦王嬴政正式向天下宣告自己改名为秦始皇。当上了统一天下的皇帝的秦始皇，他需要一块极其像样的玉玺。李斯就使用和氏璧为秦始皇打造了一块专属玉玺。在这块玉玺上面还特意刻上"受命于天，既寿永昌"八个大字，而这八个大字也是李斯亲自书写的小篆。由此可见，李斯在秦始皇的心中，那是占有极其高的地位的。此后，历朝历代的帝王都以得此玉玺为符应，每一位继承皇位的帝王都将其奉若奇珍，国之重器。能够得到此玉玺的人，会被天下看作其"受命于天"，而皇帝如果失去此玉玺也会被认为"气数已尽"。如果有些登上大位而没有此玉玺的人，天下人就会讥笑其为"白板皇帝"，这样的皇帝也会因此显得底气不足而为世人轻视。由此便促使欲谋大宝之辈你争我夺，致使该传国玉玺屡易其主，最终销声匿迹。

　　秦始皇统一天下后，嬴政下令摧毁各国郡县的城垣，并且销熔天下所有的兵器。秦始皇想以此表示天下以后再也没有使用兵器的必要了，天下太平了。秦始皇称"皇帝"后，并没有封宗室子弟为王，他对有显著功绩的人，也不会再封他们为诸侯，这样，秦国的土地就再也没有一寸被分割封赏出去了。秦始皇这么

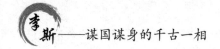

做，是真心希望以后的天下再也没有诸侯攻伐的祸患了。

秦始皇三十四年的时候，有一天，秦始皇在咸阳宫摆设酒宴。席间，博士仆射周青臣等人纷纷颂扬秦始皇的伟大功德与英勇威武。其间，有一位齐人名叫淳于越，他起身向秦始皇进谏说："禀报陛下，臣听说殷代和周代的王位，他们相继传承了一千多年。在这期间，他们的大王都会把天下的一些领土分封给自己的子弟和一些劳苦功高的大臣，这些大国这么做，自然就形成了很多方面的辅助力量，收买了很多人心。现在陛下已经统一了中国，但是陛下却迟迟没有进行领土的分封，秦国的宗族子弟们都没有得到该有的爵位，他们到现在为止都只是一个平民的身份。只是平民身份的王室们，又如何能拥有平藩的力量呢？一旦国内生出一些如篡乱齐国的田常，或者是瓜分晋国的六卿这类的危险人物，陛下没有王室们的帮助，到时候拿什么来拯救国家危亡的命运呢？请陛下取法于古代能持续国祚长久的例子，让王室贵族和平民保持一样的身份，臣可是从来都没有听说过啊！现在陛下身边的周青臣等人，他们居然还敢当着陛下的面，这样胡乱献媚，尽说些好听的话。陛下英明，他们这是要害陛下啊，是要助长陛下的过失啊！他们这些只知道整日讨好陛下的人，哪里称得上是可靠的大臣呢？”秦始皇听了淳于越的话后，并没有生气，反而还把他这个建议交给李斯处理。

李斯认为齐人淳于越的建议十分荒谬，秦始皇不应当采纳。于是，李斯就向秦始皇上书说："在古代的时候，天下常常会出现败乱分散的现象，各个诸侯国之间彼此征战，不能统一。他们常常讨论的也都是引古事来危害当今。大家装点虚浮的言辞用来干扰眼下的实际情况，天下所有的读书人都觉得自己拥有的一套学问是天下最好的，并且这些读书人还常常用这一套东西来否定他们的君王所制定的法令。

"如今陛下已经统一了天下了，也费尽心思建立了一套辨别善恶是非的标准，而且海内都已经共同拥戴陛下一人。可是，现今这些诸子流派，他们仗着自己有点学问，就可以在一起任意地批评陛下、批评朝廷所颁布的法律和教育制度。臣私下里听闻，民间的学子们也开始学着他们，据说只要朝廷的法令一颁布，他们这些人就会根据自己学的那套理论来批评、议论。

"有一些人看到朝廷的命令时，回家的路上，就开始在自己的心中不停地嘀咕着不满的地方，随后他们出门时就会在街头巷尾对朝廷的命令开始议论纷纷。人们现在似乎都开始以批评陛下的命令来显耀自己的学识，一些学子们甚至还期待以此来求取虚名。他们认为只有将自己的意见与朝廷的命令对立起来，才会显得自己高明，他们还会率领很多下面的人一起诽谤朝廷政策。

"陛下，这样的情况如果不设法加以制止的话，那么，陛下的威望就会快速跌落，民间诽谤陛下和朝廷的私人党羽也将慢慢形成。所以，臣希望陛下能够下旨把这些私人的著作言论都设法予以焚毁，不要让这些对天下统一不利的思想在民间蔓延，禁毁这些私人著作言论对朝廷是有好处的。

"臣恳请陛下能够颁布命令，凡是民间有人收藏《尚书》《诗三百》等诸子百家书籍著作的，一律拿出来由朝廷监督进行焚毁。陛下的命令下达以后，时限为三十天，如果已经满三十天，还有人仍不把藏书拿出来交给朝廷进行销毁，那么就要处以黥刑，并且还要惩罚他去服修筑长城的劳役。

"对于那些没有必要烧毁的著作，也只限于有关占卜、医药和园艺之类的书籍。如果有人想要学习法令，那么他就应该以在职的官吏为师，不能私相授受。"

围绕分封制与郡县制，朝堂上的群臣们展开了一场激烈的辩论，他们有的赞同分封制，有的赞同郡县制。但是，李斯却一直力挺郡县制，他又开始运用他的好口才，李斯舌战群臣，道："周朝分封，结果如何？我大秦统一天下，唯有郡县制才能保证帝国的长治久安，才能传至二世、三世乃至万世！"

秦始皇觉得李斯的建议十分有道理，于是就批准了李斯的奏议，没收焚毁了《诗三百》《尚书》等诸子百家的书籍。秦始皇和李斯之所以这么想，他们是想让天下百姓不要知道得太多，这样将会大大方便他们的统治，使民间的学子和百姓也都不能再用古代的制度来否定当前朝廷的政事，更不能对秦始皇和朝廷进行批评了。

但是，关于李斯到底是哪一年当上的丞相，史书并没有详细的记载。秦始皇嬴政是在公元前221年自称为"皇帝"的，而当时的丞相并不是李斯，而是曾经帮助李斯见到秦始皇的世家子弟王绾，那时李斯还是廷尉。等到公元前213年，李斯因为看不过周青臣等人每天无所事事，就知道拍秦始皇的马屁，所以建议秦

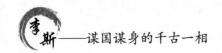

始皇实行焚书坑儒。而那时李斯就已经是丞相了。

关于当时秦国修订的一些典章制度，包括制定的一些具体法令，都是从秦始皇开始实施的。秦始皇后来又统一了全国的文字。普天之下，秦始皇又在各地修建了专供皇帝巡幸时居住的宫殿。

秦始皇三十五年，秦始皇又一次巡幸天下，南征闽越，北逐匈奴，攘除了西方的夷狄。而上面列举的这些种种的措施，李斯都参与其中，为秦始皇尽心出力，秦始皇对他更加信任。

六、高处不胜寒　物极必反

《鹖冠子·环流》写道："物极则反，命曰环流。"意思是事物发展到极点就会向相反的方面转化。

李斯得到了秦始皇的信任和重用，地位也慢慢地显赫起来。李斯甚至还成为秦始皇的丞相，李斯在做了丞相以后，他的子女也都跟着沾光。

司马迁对于此事，在《史记》中曾有记载：

斯长男由为三川守，诸男皆尚秦公主，女悉嫁秦诸公子。三川守李由告归咸阳，李斯置酒于家，百官长皆前为寿，门廷车骑以千数。李斯喟然而叹曰："嗟乎！吾闻之荀卿曰'物禁大盛'。夫斯乃上蔡布衣，闾巷之黔首，上不知其驽下，遂擢至此。当今人臣之位无居臣上者，可谓富贵极矣。物极则衰，吾未知所税驾也！"

原来，因为"我爸叫李斯"这句话，李斯的长子李由官拜三川郡的郡守，掌握了一定的军政大权。而李斯其余几个儿子也都是与秦国的公主们结了婚，就连李斯的几个女儿也都嫁给了秦国皇族的子弟，李斯的所有子女都与皇室联姻。君臣之间成为儿女亲家，自古以来，并非稀罕之事。但是，像李斯与秦王嬴政之间、与秦国之间，这种"诸男皆尚秦公主，女悉嫁秦诸公子"的事，真可谓旷古烁今了。

有一次，李斯的大儿子，也就是三川郡守李由有事请假回到咸阳家里。李由是李斯在众子中最疼爱的一个，高兴的李斯见到儿子后，立刻在家里摆设酒宴，为儿子接风洗尘。朝廷中的文武百官听说此事，也都纷纷前来给李斯敬酒，以表示祝贺。那一天，来往在李斯丞相府门前的车马，居然达到好几千辆。

李斯望着前来道贺的人群，看着丞相府门口长长的车队，不禁长叹一声，说道："唉，我曾听老师荀卿说过：'富贵权势不宜享受得太过分。'回想我李斯最初不过是一介上蔡布衣，然而秦王实在是不知道我是一个没有任何才能的人啊，竟把我提拔到这样高的地位。现在，看看朝廷中众位臣功的地位，居然没有一个人是在我上头的，我可以说是富贵达到极点。然而事物发展到了尽头，就必然要衰微下来，真不知道我将来的结局是福还是祸呢！"由李斯感叹的这一段话，我们可以想到，身居高位的李斯并没有完全陶醉在自己的高官厚禄之中，他对现实的认识还是比较清醒的。

七、秦始皇驾崩　历史变迁

公元前 210 年，李斯一生尽心竭力服侍的主子——秦始皇，在第五次东巡的途中驾崩于邢台沙丘。秦始皇带着他对人世间无限的眷恋和诸多未完成的心愿，离开了人世。

秦始皇嬴政（公元前 259 年—公元前 210 年），嬴姓，赵氏，名政（一说名"正"），又称之为赵政、祖龙等。秦始皇是秦庄襄王和赵姬之子。他是中国古代历史上著名的政治家、战略家、改革家，也是中国古代历史上，首次完成中国大一统的政治人物，也是中国第一个称皇帝的君主。

在统一天下后，秦始皇认为自己的功劳已经远远胜过了之前的"三皇五帝"，所以，他采用"三皇"中的"皇"字，又采用"五帝"中的"帝"字，最终构成了"皇帝"的称号，因为，秦始皇是中国历史上第一个使用"皇帝"称号的君主，所以他自称"始皇帝"。

然而，就在公元前 210 年，秦始皇第五次出巡，途经沙丘宫时，突然因病去世。秦始皇作为中国历史上第一个皇帝，他的去世自然也备受大家的关注，据说秦始皇去世前曾发生过三件怪事，这三件怪事并非只是民间传说那么简单，司马迁的《史记·秦始皇本纪》中都有详细的记载，这让秦始皇的驾崩更显得离奇。

第一件事：荧惑守心。

"荧惑守心"原本只是三星一线的天文现象，这种天文现象大约三十年才发生一次，而且，在古代这种天文现象被认为是代表着战争和死亡。中国古代的帝王都自认为其是上天之子，所以，自然就会信奉天象，他们认为上天会借着一些异象，来提示自己一些事情。在古代，有两种天象会备受人们的关注，一种是代表大吉的五星连珠，另外一种就是代表大凶的荧惑守心，而就在秦始皇三十六年的时候，发生了荧惑守心的天象。

第二件事：天降陨石。

这第二件事情，发生在"荧惑守心"天文现象后不久。一天夜晚，一颗流星突然从夜空中坠落到东郡，其实，陨石降落在古人眼里是件平常之事。可是，附近的居民却惊奇地发现在这块陨石上，居然刻有文字，"始皇帝死而地分"。上面的意思不言而喻，不用解释大家也都明白，这预示着秦始皇即将死去，大秦即将要灭亡啊。秦始皇知道此事后，立即派御史将当地的百姓逐一查问，结果没人招供。于是，秦始皇立刻下令处死陨石出现地附近的全部居民，并且下令焚毁了陨石。

第三件事：陌生人的预言。

在公元前 211 年的秋天，一个使者在夜晚路过华阴时，突然被一个手持玉璧的人拦住。使者不知所措，陌生人倒是十分淡定，他交代使者要把一块玉璧送给滈池君，并且告诉使者"今年祖龙死"。使者心中十分疑惑，想问明缘由，却发现那人不知何时已经不见了。使者回到咸阳立即汇报了这件事情。秦始皇知道此事后，认为那个陌生人所说的"祖龙"是指自己，而当秦始皇仔细端详玉璧时，发现这块玉璧居然是他八年前祭拜水神而投到江水中的那块。

这三件怪事，都同时发生在公元前 211 年，一连发生的三件怪事，让秦始皇的心里非常不安。为此，秦始皇甚至专门找来了行法术的大师举行了占卜，行法术的大师告诉秦始皇，要做两件事，可以翻转祸事，一、迁徙百姓；二、出巡，这两件事可以让秦始皇逢凶化吉。于是，秦始皇立刻下令迁移三万户到北河榆中居住，第一件事情很快就顺利完成了。然后，秦始皇又赶紧开始了第五次出巡。只可惜，事与愿违，秦始皇这次出巡却病逝在途中。

司马迁在《史记》中记载：于是始皇卜之，卦得游徙吉，迁北河榆中三万家。

李斯的主子秦始皇就这样，因为自己的迷信，死在了第五次东巡途中，秦始皇终年49岁。而关于秦始皇的死因，千百年以来都一直流传着两种说法，一说秦始皇是死于疾病，一说秦始皇是死于谋杀。

根据司马迁的记载，秦始皇当时是在平原津病倒的。原来，秦始皇的这一次巡幸像往常一样，李斯、胡亥、赵高从行，冯去疾留守。秦始皇等一行人来到云梦，在秦始皇的带领下，还向葬在九嶷山的舜帝进行了遥祭。然后，又乘船顺长江而下，他们观览籍柯，渡经海渚，过丹阳，抵钱塘，到达浙江边。因为，钱塘江潮的波涛十分汹涌，他们便向西行驶一百二十里，在富阳与分水之间的狭窄处渡江。

随后，秦始皇登上了会稽山，在那里他们又祭祀了禹帝，并遥望南海，在那里刻立了巨石歌功颂德。然后起驾返回，归途中他们经过了吴地，从江乘县渡过长江，沿海北上，抵达琅邪、芝罘。突然，秦始皇看见了一条大鱼，并即刻发箭将那条鱼射杀。接着，他们又沿着海西行，到了平原渡口后，秦始皇突然病倒了。但是，秦始皇并没有留在平原渡口休息，而是又行走了一百四十多里，来到了沙丘的行宫养病，而到了沙丘行宫以后，秦始皇的意识还算比较清晰，因为，那时的秦始皇还可以让人写下诏书，按照常理，应该不会突然死亡。

秦始皇平生就最厌恶身边人谈论"死"，因此，他身边的群臣中没人敢与秦始皇提起关于死的事。所以，等到秦始皇病情更重的时候，秦始皇才命令中车府令兼掌符玺事务的赵高写诏书给自己的长子扶苏说："参加丧事处理，灵柩到咸阳后安葬。"秦始皇将已封好的诏书，搁置在了赵高那里，却没有亲自交给使者，让使者送出。秋季，七月，丙寅（二十日），秦始皇在沙丘宫平台驾崩。

然而，沙丘行宫在当时，是一个荒凉无比的行宫，当年的赵武灵王就是在这个沙丘宫中被活活饿死的。那么，也有另外的一种可能就是，因为沙丘宫中戒备不严，安全问题无法得到真正的保障，这也意味着生病卧床的秦始皇被人谋害的可能性非常大。

当时，朝廷中的赵高弑君的可能性最大，因为赵高掌管秦始皇的诏书和玉玺，这也就意味着谁继承皇位的最关键之处掌握在赵高的手中，说得再直白一点，赵高可以在很大程度上控制让谁来继承皇位。然而，在后来的历史中，我们也可以了解到秦始皇死后，赵高和李斯居然秘不发丧。赵高和李斯将装着秦始皇的棺材停放在能调节冷暖的凉车中，由秦始皇生前最宠信的宦官在车的右边陪乘。他们一路所到之地，均上呈餐饭、百官奏报事务与过去一样，宦官即从车中接受并批复奏事。而关于秦始皇的死，只有胡亥、赵高、李斯及深受宠幸的宦官等五六个人知道真正的内情。

然而，赵高等人一直等到扶苏自杀的消息，才让车队日夜兼程回到咸阳城，然后又让胡亥继承了皇位。之后，大开杀戒，先是诛杀了蒙氏兄弟，接下来又陷害李斯。将这一系列的事件，串联在一起来看，赵高就免不了"杀人灭口"的嫌疑。

尽管秦朝仅仅延续了 15 年的时间，但是，秦始皇却成为中国 2000 多年中央集权封建帝制的创造者，他的影响之深远，是任何其他帝王都无法与之相比的。即使是在世界历史上，有许多的统治者他们也是开创了一个庞大帝国的帝王，但是这些统治者的实际影响还是无法与秦始皇相提并论。

在老板秦始皇的伟大功绩中，他的优秀员工李斯自然也没少做贡献。

司马迁在《史记》中记载道：

始皇三十七年十月，行出游会稽，并海上，北抵琅邪。丞相斯、中车府令赵高兼行符玺令事，皆从。始皇有二十余子，长子扶苏以数直谏上，上使监兵上郡，蒙恬为将。少子胡亥爱，请从，上许之。余子莫从。

其年七月，始皇帝至沙丘，病甚，令赵高为书赐公子扶苏曰："以兵属蒙恬，与丧会咸阳而葬。"书已封，未授使者，始皇崩。书及玺皆在赵高所，独子胡亥、丞相李斯、赵高及幸宦者

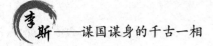

五六人知始皇崩，余群臣皆莫知也。李斯以为上在外崩，无真太子，故祕之。置始皇居辒辌车中，百官奏事上食如故，宦者辄从辒辌车中可诸奏事。

第三章

沙丘政变　风云莫测

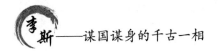

一、政界风暴　阴谋家上场

秦始皇在沙丘病亡后，一直被秦始皇所重用的李斯，难过万分。李斯是秦始皇生前最信任的臣子之一，李斯也帮助秦始皇完成了统一天下的梦想。这一对君臣配合得相当默契，创造的功绩更是十分了得。

我们暂且不说李斯的伤心，先来看看秦国在失去了秦始皇之后的发展情况。秦始皇生前曾留下一道令长子扶苏速回咸阳处理后事的诏书，可是这份诏书并没有发出去，而是被秦始皇身边的另外一位臣子赵高扣押了下来。

秦始皇这一次是真的委托错了人，而秦始皇之所以把这件事交给赵高，是因为赵高本是"兼行符玺令事"，皇帝的玉玺就在赵高手里保存着，而皇帝的诏书也必须经过赵高在封泥上加盖玉玺，这样，才能作为正式的诏书发出去。赵高写好了诏书，也在诏书上盖好了玉玺，但是，他却一直没有把这诏书交给使者发送出去。一直到了秦始皇驾崩以后，他的遗诏还没有发出去，而象征着皇帝权力的玉玺此时还在赵高的手中。

赵高的心里非常明白，皇位一旦由秦始皇的长子扶苏继承，那么，他必定会受到冷落和排挤。所以，秦始皇生前留下的这道遗诏对他非常不利，赵高也不想被踢出权力核心区。他心想：如果扶立对自己言听计从的秦始皇幼子胡亥为皇帝，那么日后的自己将完全是另外的一番景象，胡亥一定能让自己飞黄腾达。于是，一个恶毒的计划在赵高的脑海中逐步形成了。

就在大秦帝国最高权力转移之际，赵高决定为了自己的一己私利，也为了自己的政治野心，开始了一次冒险的行动。

司马迁在《史记》中记载道：

赵高因留所赐扶苏玺书，而谓公子胡亥曰："上崩，无诏封王诸子而独赐长子书。长子至，即立为皇帝，而子无尺寸之地，为之奈何？"胡亥曰："固也。吾闻之，明君知臣，明父知子。父捐命，不封诸子，何可言者！"赵高曰："不然。方今天下之权，存亡在子与高及丞相耳，原子图之。且夫臣人与见臣于人，制人与见制于人，岂可同日道哉！"胡亥曰："废兄而立弟，是不义也；不奉父诏而畏死，是不孝也；能薄而材谫，彊因人之功，是不能也：三者逆德，天下不服，身殆倾危，社稷不血食。"高曰："臣闻汤、武杀其主，天下称义焉，不为不忠。卫君杀其父，而卫国载其德，孔子著之，不为不孝。夫大行不小谨，盛德不辞让，乡曲各有宜而百官不同功。故顾小而忘大，后必有害；狐疑犹豫，后必有悔。断而敢行，鬼神避之，后有成功。原子遂之！"胡亥喟然叹曰："今大行未发，丧礼未终，岂宜以此事干丞相哉！"赵高曰："时乎时乎，间不及谋！赢粮跃马，唯恐后时！"

赵高在私自扣留了秦始皇生前所赐给长子扶苏的诏书后，他又暗地里找到了公子胡亥，他劝其道："现在先帝已经去世了，他生前没有留下任何诏书来封诸子为王，只是单单留下了赐给长子扶苏的一封诏书。"

"那又怎样？"胡亥对赵高的话很是不理解，可见，在胡亥的心里对皇位从来就没有过非分之想。

"长子扶苏到了以后，他就会立刻登位，成为大秦的皇帝，而你同样作为先皇的儿子，却连一尺一寸的封地也没有，你接下来该怎么办呢？"赵高继续为胡亥分析他的处境。

胡亥听了以后，完全不以为然，他淡定地说道："事情本来就是这样的啊！更何况，我还听说过，圣明的君主是最了解自己手下的臣子的，圣明的父亲也是最了解自己亲生的儿子。我的父皇既然在临终前未下命令分封诸子，那我作为他的儿子又有什么可说的呢？"

赵高见胡亥完全不中他的道，就继续劝说道："事实可并非如此啊！当今天下皇帝的大权，包括天下任何一个人的生死存亡，都掌握在你、我和李斯手里啊！希望你好好地、认真地考虑考虑，以免日后后悔啊。"

"我只是希望自己可以本本分分地遵行父皇的遗愿，并没有什么可后悔的。"胡亥也继续坚持自己的立场。

"但你可曾想过驾驭群臣和向人称臣，统治别人和被人统治，这是完全不同的啊，难道到那时，你还认为可以同日而语吗？"赵高见胡亥立场坚定，他便愈加步步紧逼。

胡亥也并非不明白赵高的意思，只是，他有自己的担忧和考虑，胡亥想了想，继续回答道："我深明废除兄长而立弟弟，这是不义；我懂得不服从父亲的诏命而惧怕死亡，这是不孝；我自知自己才能浅薄，依靠别人的帮助而勉强登位，这是无能：说起这三件事，都是大逆不道的，即使我听了你的话，登上皇位，天下人也是不服从我，我自身遭受祸殃，国家也会因为我的愚蠢行为而灭亡的。"胡亥的此番话，真可谓是字字珠玑，句句箴言，段段入心。他要是能够将此坚持下去，可能历史就会因此而改写，他的名声也会因此而有不一样的流传。

赵高依然不肯放弃，继续劝说："我曾经听说过商汤、周武杀死他们的君主，对于他们的行为，天下人不都是称赞的吗？因为，他们行为符合道义，所以，不能算是不忠。卫君也杀死了他的父亲，而卫国人民不但没有责怪他的行为，反而称颂卫君的功德，就连圣贤孔子也记载了这件事，所以，这样的行为不能算是不孝。更何况，天下人人皆知，办大事者不能拘于小节也，行大德之人也用不着再三谦让，普通百姓、乡间的习俗都会各有所宜，天下百官的为官之道也各不相同。还请你，不要只顾忌着小事，忘了真正的大事，这样的行为，必定为日后留下祸患；一个人在关键时刻犹豫不决，那么他将来一定会后悔的。"

"可是……我……真的可以……"面对皇权巨大的诱惑，面对赵高有理有据的说辞，胡亥开始动摇了。胡亥忘记了，说得再有条理，篡位就是篡位，一个人做事的动机要是错了，事情的结果又怎么会是对的呢？

赵高见胡亥已经开始动摇了，赶紧加把劲，连忙说道："你现在果断而大胆地去做吧，放心，你的勇气会让鬼神都要回避的，你将来一定会成功。你只要按我说的去做，事情一定会有好的结局。"

胡亥最终还是选择了低头，他长叹一声说道："现在先皇刚刚去世，还没有来得及发丧，丧礼也尚未结束，我怎么好意思，因为这件事去求丞相呢？"

赵高见胡亥已经同意了自己的计划，不禁也长叹一口气，感叹道："时光啊时光，实在是太短暂了，短暂得来不及谋划！我

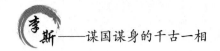

现在就像携带干粮赶着快马赶路一样，唯恐耽误了时机！"

　　同时，赵高和胡亥也都明白，此计划若是没有丞相李斯的允准，那么，也是万万行不通的。所以，此时，丞相李斯的态度和立场是这场政变的关键。秦始皇对李斯恩重如山，李斯最初只不过是楚国一县政府中的不得志的小官员，他是在30多岁以后，才移民到秦国的。最初的时候，李斯也只是在丞相府里当一个门客，用我们今天的话来说，就是一个文案秘书。是秦王嬴政慧眼识才，将李斯一路提拔至丞相。李斯作为秦始皇身边的老臣、重臣，他已经执掌朝政数十年，他前半生一直对秦始皇忠心耿耿，而秦始皇一生也十分厚待李斯，赏赐他高官厚禄不说，还让自己的儿女与李斯的儿女进行联姻，"诸男皆尚秦公主，女悉嫁秦诸公子"，与皇室结成利益共同体，这是何等大的恩典啊！对于秦始皇的恩情，李斯一直都是念念不忘，多年来，也一直忠心耿耿地辅佐始皇帝成就伟业，他想要给自己留下"千古一相"的美名。但是，现在让李斯在自己老板刚刚过世时，就要背叛旧主，易立皇储，篡改遗诏，还要发动宫廷政变，作为被秦始皇一手提拔上来的李斯，他真的会轻易答应吗？而野心膨胀的赵高又将会怎样说服李斯呢？

公元前210年，也就是在秦始皇病死沙丘后不久的一个夜晚。中车府令赵高以非预约的形式，突然一个人去拜访了丞相李斯。其实，李斯和赵高同朝为官多年，他们一同服侍秦始皇，所以，已经相识很久了。但是，这次赵高来找丞相李斯，可不是像平常一样，喝茶闲聊的。赵高在心里怀揣着一个决定大秦帝国命运的惊天阴谋。赵高决定要说动这位朝廷中眼下最有权势的人物和自己一起篡改遗诏，另立秦始皇的幼子胡亥为皇帝。

二、山雨欲来　李斯两难间

赵高在历史上算是一个巧言之人，但是，李斯的脑袋也不是白给的，他是那个时代最杰出的思想家、政治家、文学家，兼雄辩高手。当年李斯曾经冒死上书"谏逐客令"，他硬是凭着自己的三寸不烂之舌，说服了一向刚愎自用的秦王嬴政，不但让他收回成命，还让秦王嬴政特意将李斯叫了回来。现在，赵高想凭"忽悠"搞定李斯，在普通人看来，真是比登天还难啊！

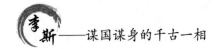

李斯和赵高二人的过招经过了六个回合。

（一）第一个回合

我们现代人在职场上打拼，有人认为最简单的方法往往是最直接、最有效的方法。赵高也是如此认为的，赵高见到李斯后，并没有和他兜圈子，也没有用什么客套话，反而是开门见山、单刀直入地对李斯说："现在先帝已经去世了，先帝生前留下一道诏书，诏书主要是让先帝的长子扶苏进京主持丧事，等待丧事完毕以后，让扶苏即位称帝。但是，我并没有将这封诏书送到使者手里，所以，现在先帝的诏书在我手里，直至目前都没有发出去。而且，现在先帝已经驾崩，其他人都不知道，还以为先帝依然在世。先帝驾崩前，除了留下这一封赐给扶苏的诏书外，什么都没有留下。而象征着皇权的玉玺也在我的手中。现在，只要你点头，愿意和我统一口径，那么，我们立即就可以改立胡亥为太子继承大统。你看怎么样？"

李斯听后，惊出一身冷汗，他一生只想为自己挣得一个好前程，可从来没考虑过这么大的事情，他也没有想到赵高居然如此直白地表达了这件事情，李斯一时间竟不知道该如何回答赵高。

缓了一会儿，李斯才斩钉截铁地说："你怎么能说出这样祸乱国家的亡国之言呢？这件事情绝对不是一个臣子应当商议的！"

在赵高与李斯的第一个回合谈话中，李斯警告了赵高，说他所说的是"亡国之言"！更警告赵高说，这件事情并不是我们当臣子所应该操心的、所应该议论的。可见，李斯并没有被赵高的话语所动摇，在第一个回合中，赵高败下阵来。

（二）第二个回合

趋利避害是人的软肋。而且，李斯也是一个有弱点的人，回想李斯当年，奔赴秦国的初衷就是"人之贤不肖，譬如鼠矣，在所自处耳"，李斯一生都在运用他的"硕鼠哲学"。然而，赵高在第一个回合失败，他碰了个大钉子，但，赵高并没有因此而泄气，第一个回合的失败，早就在赵高的意料之中。

但是，赵高深知李斯也像普通人一样知道趋利避害，所以，赵高又向李斯发起了第二个回合的谈话。

谈话刚刚一开始，赵高就一口气向李斯发出了五个问题：您的才干与能力和蒙恬相比怎么样呢？您的功劳和蒙恬相比又如何呢？您的谋略和蒙恬相比怎么样呢？您的人气和蒙恬相比又如何呢？您和扶苏的关系与蒙恬和扶苏的关系比起来，又怎么样呢？

狱吏出身的赵高，他的思路非常清晰，赵高一连向李斯提出以上五个问题，真是个个一针见血，直指李斯的要害。原来，李斯无论在才能上，还是功劳、谋略、人气，甚至是私下里与扶苏的关系上，都没有办法与蒙恬相比。在现实中，李斯与蒙恬相比有三个不如：第一是李斯家世的功勋不如蒙恬，第二是李斯的人气不如蒙恬，第三是李斯和扶苏的关系更是不能和蒙恬相比。

通过前文的叙述，我们都知道李斯原本只不过是上蔡一介布衣，他的起步，最多不过就是一个小地方上看不到发展前途的"小公务员"而已，李斯没有任何身份背景，更没有一个强大的老爸，他就是靠着单枪匹马来到秦国勇闯天下的。李斯在秦国的打拼，也是完全依靠个人的努力和智慧争取来的，最后，他因为得到了秦始皇的赏识提拔而得以发迹。那么，我们再看看蒙恬，蒙恬与李斯的职场开挂记完全不同，蒙恬就是官二代，他的家族三代（蒙骜，蒙武，蒙恬、蒙毅）都是兼并六国的功臣名将。整个蒙氏家族是几代秦王的股肱之臣，蒙氏家族为大秦帝国的建立，立下了卓著、突出的功勋，面对这样的家族优势，岂是李斯一介布衣所能相比的。在这一点上，李斯深知自己的身份地位。然而在人气上，李斯也是没有办法与蒙恬相比的。之前，李斯力主焚烧诗书，他的这个建议在天下百姓中，尤其是在那些读书人的心中也都留下了难以清除的不好的名声，甚至可以说是臭名昭著。李斯的这种恶劣印象甚至一直持续到了二十一世纪的今天，李斯一直向秦始皇建议让他以法治国，是主张强硬派的代表人物。所以，李斯自己也深深地明白，他在得人心方面也是远远不及蒙恬的。

不但如此，皇长子扶苏和蒙恬的关系，也是李斯的一块大心病。原来，李斯和秦始皇长子扶苏的关系并不太和谐，因为他们的政见不同。扶苏和李斯共事的时候比较早，秦始皇在坑术士的时候，他的长子扶苏曾经向秦始皇进谏劝阻。可见，那个时候的扶苏已经开始参与朝政了。但秦始皇在那一年并没有听长子扶苏的劝阻，反而一怒之下大坑术士，当时心急如焚的扶苏极力劝谏，而站在一旁的李斯却一语不发。这件事情之后，李斯与扶苏关系也有了一些不和谐。

当年，扶苏也因为极力劝谏秦始皇不要坑术士而被贬到边地，并让扶苏在蒙恬统率的长城军团中担任监军。从公元前212年，秦始皇的长子扶苏被贬到边地，一直到公元前210年秦始皇病故，扶苏在边地与蒙恬共事两年多。可想而知，扶苏与蒙恬的关系，自然会远远胜过和李斯之间不和谐的关系。显然在赵高与李斯的谈话中，赵高这"五不如"直接击中了李斯的软肋！李斯面对赵高，只能低下头来坦言道："你说的这五个方面，我都不及蒙恬，但是，您又何必这样苛求于我呢？我本来就不如蒙恬啊！"

（三）第三个回合

在与李斯对话的第二个回合中，赵高仍然未能达到目的。赵高哪里肯死心，他又向李斯发起了第三回合的谈话。

第三回合刚一开始，赵高就又直接向李斯挑明了三点：一是，纵观过去的秦国历史，但凡是被罢免的丞相、功臣没有一位能有好下场的；二是，如果扶苏登上皇位，他一定会重用蒙恬，而扶苏又将如何处理你呢；三是，如果胡亥当上皇帝，那么，我们两个人就都能飞黄腾达。赵高继续向李斯发起话语的进攻，说："自从我进入秦宫二十多年来，我从来就没见过被秦王罢免的丞相、功臣还有被封爵的，这些丞相大都是以被杀而告终，几乎没有一位是有好结果的。在先帝的二十多个儿子中，如果说谁的能力强当数长子扶苏了，扶苏如果登上了皇位，那么，他一定会重用蒙恬为丞相的，到时候，您的下场就真令人担忧了。但是，胡亥是我受先帝之命教他学习律法的，在这些年里，我从来没见过他有什么过错。所以，我认为在秦始皇的儿子中，没有哪一个儿子可以赶得上他，他才是最合适的皇位继承人，我们两个人只要合力，就可以轻松让胡亥承继大统。"

不得不说，赵高对利弊分析得相当透彻。李斯想了一会儿，依然回答道："您还是该干什么干什么去吧！我李斯这一辈子只知道要'奉主之诏，听天之命'。我会坚定地按照先帝的诏令去办事，然而，至于我自己的命运，我想还是交给上天，听从上天安排吧，我自己不需要考虑那么多！"虽然赵高的话句句在理，但是李斯依然不为所动。就这样，赵高的第三个回合又以失败告终。

（四）第四个回合

赵高不但巧舌如簧，而且还是一个非常有耐心的人，他见李斯不同意，就又接着说："您是一个明白人，要知道许多环境，看上去似乎是平安的，内在却隐藏着很多危险，反而有些做法，看上去是危险的，却能给人带来平安。在安危面前，我们岂不都得早做决定吗？如果错过时机，又怎么能算得上是圣明的人呢？"赵高在这一回合中，明显运用了李斯的职场思维，要抓住无法再来的机会。李斯看着赵高，淡淡地说："我李斯本来就只是一个上蔡街巷里的普通平民百姓，是承蒙了先帝的提拔之恩，才让我有了今天，担任秦国的丞相，被封为通侯，我的后代也都因此得到尊贵的地位和优厚的待遇。先帝把国家的安危与存亡都交托给了我，我又怎能做出辜负先帝的事情呢？一国之忠臣不会因怕死而苟且从事，孝子不因为过分操劳而遭受危险，我们做臣子的，只需要各守各的职分就可以。你就不要再说了，我李斯是不会和你一同犯罪的。"

（五）第五个回合

在第四回合中，赵高虽然采用了李斯的职场生存哲学，但是，李斯却依然不愿意做出背叛秦始皇的事。赵高还是不肯放弃，他知道这件事情，李斯若是不点头，那么就办不成。赵高继续说道："我听闻，古代的圣人贤者，他们并不循规蹈矩，他们在处理事情的时候，也知道适应变化，顺从潮流而行，而不只是遵从规矩。其实，古代圣贤的做法是对的，放眼世间万物不都是在适应变化吗？世上哪有什么一成不变的道理呢！您看看现在的形势，天下所有的权力和命运不都已经掌握在了胡亥的手里吗？先帝在的时候，不也是最宠爱他的幼子胡亥吗？如今，我赵高能猜出胡亥的心思。您怎么连这些都没有看明白呢？"

这一次，赵高采用了李斯的老师荀子的策略——懂得变通，他想要以此来说服李斯，李斯却说："你难道没有听过晋代换太子，致使三代都无法得到安宁；齐桓公他们兄弟之间为了争夺王位，哥哥也惨遭杀害；商纣王更是杀死了比干和箕子。比干是商纣王的叔叔，就是因为他劝谏商纣王，被商纣王挖出心脏。而箕子是商纣王的弟弟，他也因为劝谏商纣王，结果被商纣王囚禁。商纣王因为不听从臣下的劝谏，致使整个都城夷为废墟，更是危及整个国家社稷。这三件事都是违背天意的，所以最终才会落得一个宗庙没人祭祀的下场。我李斯还是人啊，怎么能参与这些阴谋呢！"

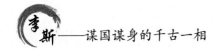

（六）第六个回合

李斯不从，赵高不走。看到李斯的坚定，赵高依然不肯放弃，他继续说道："只要我们上下齐心协力，那么相信大秦的事业就一定可以走得长久；只要我们内外配合如一，那么这件事情也就不会有任何的差错。您只要按照我的计划行事，就可以永远保住自己的封侯，还可以使子孙永世相传，您自己也一定会更长寿、有智慧。如果，您现在放弃我提供的这个机会，坚决不接受我的意见，那么您的决定在将来就一定会祸及子孙，想想都令人心寒啊。到底要不要转祸为福，您好好想想怎么办吧。"李斯仰天长叹，他终于被赵高说动了。李斯权衡利弊，他挥泪叹息道："哎呀！真是无奈啊，偏偏遭逢上了这样的乱世，既然如此，我也没有办法以死尽忠了，那么，我又将向何处寄托我的命运呢！"李斯最终选择了依从赵高的提议。赵高得到了李斯的同意后，立即回报给了胡亥说："我是奉太子您的命令去通知丞相李斯的，他听到您的命令，又怎么敢不服从呢！"赵高这个回话，也真是绝了，他让胡亥更加坚信自己就是天子了。

面对赵高的步步紧逼，李斯只是徒劳地谨守着自己最后一道防线，无奈，千古一相李斯只懂政治，但是阴谋家赵高比他更懂得人心，精明的李斯，竟一直被赵高玩弄于股掌之间，李斯的心思已经被赵高看得透透的，所以，话说到最后，李斯已经毫无还手之力，语气也明显软了下来。

三、伪造圣旨　逼死扶苏

李斯在赵高的反复劝告下，最终选择了和赵高同流合污。李斯与赵高共同谋划要改立胡亥为太子的事情。他们对外宣称，秦始皇生前有遗诏，遗诏写明要立幼子胡亥为太子。李斯和赵高又篡改了秦始皇先前留给扶苏的诏书，在给扶苏的诏书中，斥责他多年以来，守在边地，不能为大秦帝国开辟疆土、创立功业。不但如此，甚至因为领导无方，导致秦军士卒大量伤亡。并且，还斥责扶苏不能安心守在边地，曾经数次上书，直言诽谤父皇，甚至日日夜夜都在不停地抱怨父皇没有让他解除监军职务，重新返回咸阳当太子；而将军蒙恬看见扶苏的过不但没有给予纠正，还参与了扶苏的图谋，二人同谋，大逆不道。因此，下令让他们二

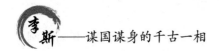

人自尽，他们手中的兵权，就移交给当时的副将王离。

司马迁在他的《史记》中也记载了这次大的变故：

于是乃相与谋，诈为受始皇诏丞相，立子胡亥为太子。更为书赐长子扶苏曰："朕巡天下，祷祠名山诸神以延寿命。今扶苏与将军蒙恬将师数十万以屯边，十有余年矣，不能进而前，士卒多耗，无尺寸之功，乃反数上书直言诽谤我所为，以不得罢归为太子，日夜怨望。扶苏为人子不孝，其赐剑以自裁！将军恬与扶苏居外，不匡正，宜知其谋。为人臣不忠，其赐死，以兵属裨将王离。"封其书以皇帝玺，遣胡亥客奉书赐扶苏于上郡。

扶苏接到使者的诏书后，没有一丝的怀疑，他痛哭流涕，直接进入内室，想要结束自己的生命。大将军蒙恬却心有疑虑地说："陛下一直巡游在外，先前也没有听闻陛下确立谁是太子。陛下派我率领三十万军队镇守在边陲，还令您担任监军，要知道这可是天下的重任啊。现在，我们不能仅仅因为一个使者前来传书，就轻易相信，选择自杀，我们也不知道这道诏书是不是有诈呢？请允许我们再次奏请证实一下，证实之后，我们再去自杀也不晚呀。"

使者见扶苏和蒙恬迟迟不肯自杀，就多次前来催促他们赶紧自行了断，扶苏哪里受过这种羞辱，扶苏坚信地对蒙恬说："在这世上，哪有父亲想要赐儿子死，儿子还要再去请示查实的呢！"说罢，扶苏就自杀了。但是，蒙恬心中却一直疑惑，不肯自杀。前来传诏书的使者没有办法，就将蒙恬交给了官吏治罪，蒙恬被囚禁在阳周，并改换了李斯的舍人在军中担任护军。使者随后将消息回报给了李斯、赵高。

胡亥听说扶苏已经自杀身亡，便想着要把蒙恬释放了。正巧，赶上蒙毅代替秦始皇外出祈祷山川神灵求福后返回，赵高赶紧趁机对胡亥说："先帝之前想要荐举贤能，那个时候就已经确定你为太子了，这已经是很长时间的事情了。可是，蒙毅一直在旁边规劝先帝，认为不可如此。现在，蒙毅已经回来了，不如就把他杀掉算了！"于是，胡亥听从了赵高的话，逮捕了蒙毅，并将其囚禁在了代郡。

丞相李斯和赵高商量，回咸阳路途遥远，如果秦始皇驾崩的消息被传出去，恐怕京城中的皇子和民间别有用心的人会乘机作乱，因此二人决定全面封锁秦始皇逝世的消息。商定之后，他们就将秦始皇的尸体仍旧安放在他平时乘坐的车子里，车门紧闭，四面也用帷幕挡得严严实实的。当时，装着秦始皇遗体的皇室车队是从井陉抵达九原。因为正值酷暑，所以，装载着秦始皇遗体的凉车，开始不断地散发阵阵恶臭。胡亥、李斯、赵高等人，为了密不发丧，他们便指示随从官员在车上装载一石鲍鱼，借着鲍鱼的臭味来混淆腐尸的气味。

一路上每走到适当的地方，就由几个亲信宦官仍向车里递水送饭，其他百官也像往常一样向秦始皇奏事，一个小宦官就在车中扮成秦始皇降诏批签。

胡亥、李斯、赵高等人，带着秦始皇的遗体从直道抵达咸阳以后，李斯向天下发布了致丧的公告。与此同时，也向天下宣告，胡亥继承了皇位。

胡亥将自己的老爸秦始皇安葬在了骊山的皇陵，把铜熔化后灌入，用此方法来堵塞地下深处的水，以防止百年以后，地下水渗入皇陵。胡亥又给老爸的皇陵里运去了各种奇珍异宝，藏满整个墓穴。为了防止被盗，胡亥还下令让工匠们制作带有机关的弓弩，把这些弓弩安放在皇陵不同的位置，只要遇到靠近墓穴想要进入的人，这些弓弩就会自动射杀。

　　胡亥还命令让人用水银做成百川、江河、大海，用机械灌注输送。在秦始皇的墓穴顶部分布着天文图像，而在其陵墓的底部也设置有地理的模型。胡亥将老爸的皇陵内部全部安排完毕后，他怕老爸死后孤单，秦始皇生前的后宫嫔妃，凡是没有生下子女的，全部让她们去给秦始皇陪葬。此时，有人提出那些为秦始皇陵制造隐藏着的机械装置的工匠们，他们知道秦始皇陵的全部秘密。如果，他们藏有贼心，那么，秦始皇陵里面所有的秘密就会被泄露出去。于是，等秦始皇被送入陵寝后，胡亥就命人将那些参与秦始皇陵建造的工匠全部封闭在墓穴中，就这样，参加秦始皇陵修建的工匠无一人生还。

　　胡亥登基后，他心里一直想着狱中还有一个叫蒙恬的人，这个人让他寝食难安。于是，胡亥就想着要如何杀掉蒙恬兄弟二人，子婴知道了胡亥的想法后，他规劝道："陛下，臣曾听闻，当年，先帝攻打赵国时，赵王赵迁杀死了英勇的李牧而选择用颜聚，当时齐国的田建也杀死了他前代的忠臣而用了后胜，结果这两个国家最终都走向了亡国。然而，蒙恬两兄弟是秦国的重臣、谋士，他们的家族曾经为秦国立下汗马功劳。陛下怎能将他们全部抛弃、除掉呢？陛下的此等决定，就好似要诛杀秦国的忠臣，然后却要任用那些节操、品行都不端正的人。陛下这样的命令，对于秦国内部来说，是会失去一群忠臣的信任的，对于在外的秦国将士们，也会因此意志涣散啊！"但是，秦二世胡亥根本不听子婴的良言劝告。他随即下令让人杀掉了蒙毅，并且又派人前去杀蒙恬。蒙恬义愤填膺地说："我们蒙家自从我的先祖开始，直至现在，已经在秦国建立功业、忠心服侍三代了。现如今，我蒙恬率领三十余万大军，虽然我的身体被囚禁了，但是我的势力仍然可以进行反叛，让整个秦国地动山摇。然而，我知道自己还是会选择结束生命，因为我即使是死也要奉守节义。我之所以这么做，是因为我蒙恬不敢辱没祖先的教诲，我这么选择，也是代表我没有忘记先帝的大恩大德啊！"于是，蒙恬服毒自杀身亡。

四、李斯失意　赵高得志

胡亥在赵高和李斯的帮助下，被立为秦国的二世皇帝，成为大秦帝国新上任的老板。但是，这位新老板似乎不太喜欢李斯，他上任以后，就任命帮助他的赵高担任郎中令，常常在宫中服侍自己，在朝廷上赵高也是掌握大权。

秦二世胡亥在皇宫中闲居无事的时候，就会经常把赵高叫来，和自己一同商议事情，胡亥对于赵高非常信任。这一天，他又把赵高叫到了宫中对赵高说："一个人活在世间上的时间很短，就好比驾驭着六匹骏马从缝隙前飞过一样短暂啊，朕想好好珍惜这短暂的时间。现在，朕已经统治了整个天下，天下万人、万物都归朕，朕想要满足各个方面的需要，朕想要满足自己一切的欲望，朕要享尽天下一切的乐趣。朕还要天下太平，百姓都能够安居乐业，大秦江山永保，朕也好颐享天年，爱卿觉得朕的这种想法能行得通吗？"

赵高听了秦二世胡亥的想法，小心翼翼地说："回禀陛下，陛下所说的这一切，对于一位贤明君主来说，是有可能做得到的。然而，对于一位昏庸君主来说，陛下所想就应该是禁忌的。微臣想冒昧地说一句不怕陛下杀头的话，陛下还是需要稍加谨慎。因为，对于之前咱们沙丘的密谋策划，先帝的几位公子和朝廷中的一些大臣已经有了一点怀疑。这些公子可都是陛下的兄长啊，那些朝廷中的大臣也都是先帝在世时所安置的。如今，陛下您刚刚登上皇位，恐怕您的兄长和朝廷中的一些大臣，心中会有怨恨和不服。如果他们心中的怨恨和不服长期积累，只怕他们会闹事啊。我之所以如此提心吊胆，只是害怕我们接下来的路不好走，我唯恐将来会有不好的结果出现。陛下，现在正是危机四伏之时，您怎么能现在就要行乐呢？"

秦二世胡亥那可真是百分之百地信任赵高，他听了赵高的分析后，焦急地问："这可怎么办呢？朕可如何是好啊？"

赵高心中早已有了对策，就等着秦二世胡亥询问呢，他不紧不慢地说："陛下现在需要实行严峻的法律及刑罚，只有严峻的法律和刑罚才能把想要造反的人吓住，他们内心都惧怕、不敢触犯，自然就不敢越雷池半步了。陛下，要把犯法的和受牵连的人全部杀掉，一定不要手下留情，直至灭尽全族。还要杀死当朝不服陛下管理的大臣，更要疏远陛下您自己的骨肉兄弟，让他们远远地惧怕着陛下的威严。在社会中，要让原来贫穷的人都变得富有起来，让原来地位卑贱的人都成为地位高贵的人。陛下要将先帝的旧臣全部铲除，然后，陛下再重新任命您最信任的人，并且，要让陛下最信任的人一直陪在陛下的身边。如果陛下这样行事，那么天下人一定会对陛下从心底发出感恩戴德之情。根除了以前先帝留下的祸害，又杜绝了他们想要造反的奸谋。新上任的群臣们，上下没有人不是得到陛下的恩泽，承受陛下的厚德，他们自然会对陛下忠心耿耿了。到那个时候，陛下就可以高枕无忧了，可以纵情享受天下一切的乐趣了。在微臣看来，真是没有比这个更好的主意了。"

秦二世胡亥听赵高的话，非常高兴，他认为赵高说的实在是太对了。于是，秦二世胡亥立刻下令让人重新修订法律，并且，要求法律一定要严酷。朝中若有大臣触犯法律，或者是秦始皇的儿子们犯罪，全部交给赵高处理，只要是涉及朝廷旧臣和先帝儿子的案子，一律由赵高审讯法办。就这样，秦二世胡亥和赵高合谋，杀死了很大臣，又将先帝的十个儿子都在咸阳街头斩首示众，就连十二个公主也没有避开灾祸，这十二位公主被赵高在杜县分裂肢体后处死，秦二世胡亥和赵高的手段之残忍令人发指。这些旧臣、公子、公主们留下的财物全部被没收，归入秦二世胡亥和赵高囊中，这期间因旧臣、公子、公主被连带一同治罪的人更是不计其数。

公子高见此情景，心中极其惧怕，他想外出逃命，又担心自己的家人会受连累，被满门抄斩。思来想去，万般无奈之下，公子高就上书给秦二世胡亥说："遥想先帝活着的时候，我只要一进入皇宫中，先帝就会给我吃的东西。如果我需要出宫了，先帝也会让我乘车而去。先帝在内府中的衣服，先帝也会常常赏赐给我，让我穿着行走；皇宫中马棚里的宝马，也时常会赏赐给我，让我外出的时候骑行。谁知先帝早逝，我本来就应该与先帝一起死去的，只是我没有做到。现在回想起来，这一切都是我做人子的不孝，也是我身为人臣的不忠啊！像这样一个不忠、不孝的人没有理由活在世上，更没有颜面在人间苟活，还望陛下可以允许我，让我随先帝一起死去吧！希望我死了以后，陛下能够开恩，把我埋在骊山脚下，这样，我也可以陪伴先帝了。现在，我只恳求陛下能够哀怜我，答应我的恳求。"

秦二世胡亥收到兄长的上书后，他的内心没有一点的忧伤，不知是不是被欲望和杀气迷惑了心，他反而非常高兴地叫来赵高，还把此书给赵高看，并满脸笑容地说："快看看呀，他这可以说是窘急无奈了吧？"赵高也高兴地附和道："陛下说得极是，现在朝中的大臣们都整日担心自己的死亡，不知道什么时候就突然来临，他们现在哪里还有什么心思图谋造反呢！"胡亥高兴地答应了公子高的请求，并赐给他十万钱让他用作自己的安葬费。

秦二世胡亥在当皇帝的时候，秦国的法令、刑罚一天比一天残酷，朝廷群臣上下无心做事、人人自危，在严酷的法令和刑罚的重压之下，想反叛的人反而变得越来越多，真是哪里有压迫，哪里就有反抗啊！后来，秦二世胡亥又开始建造阿房宫，还修筑了直道、驰道，等等。老百姓的日子越来越难过，百姓的赋税也变得越来越重，兵役、劳役更是没完没了。

不久之后，从楚地征来戍边的士卒陈胜、吴广等人不愿意忍受秦帝国的强压，他们就开始造反。陈胜、吴广等人是从崤山以东起兵的，听闻有人起兵造反，天下各路英雄豪杰蜂拥而起，自立为王，他们都有一个共同的目的就是起兵反叛秦王朝的统治，他们的军队一直攻到鸿门才退去。

自从胡亥登上皇位以后，李斯就一直不受待见。看到秦二世胡亥的残酷，李斯也多次想要找机会进谏，但是，无奈秦二世胡亥根本就不允许李斯发表自己的建议。并且，秦二世胡亥反倒责备李斯说："朕现在管理整个天下，倒是有了一个新的看法，这个看法是从韩非子那里听闻而来的，韩非子曾说过尧在统治天下的时候，他处理政务的殿堂只不过仅有三尺高而已，柞木椽子也是直接使用，从来都不曾砍削过，而尧自己居住的房屋，是由茅草做屋顶，就连这些茅草也曾命人修剪过，一个客旅即使是居住在旅店中，他的住宿条件也不会比尧的居住环境更艰苦了。尧在寒冷的冬天，就只穿一件鹿皮袄，在炎热的夏天，尧只穿一件麻布衣，他吃的是粗米做的饭，喝的是野菜煮的汤，他吃饭的时候，用的是土罐，喝水的时候，用的是土钵。即使是一个看门的人，他的生活也不会比尧的生活更清贫了。

"而夏禹在世上的时候，曾凿开龙门，开通大夏水道，他又带领人疏通多条河流，甚至曲折地筑起了许多道堤防，他们万众一心，下决心一定要把积水引入大海。因为，常年在外劳累，所以，夏禹的大腿上已经没有了白肉，就连他的小腿上也没有了汗毛。看看他的手掌和脚底，也都长满了厚茧。夏禹面孔漆黑，最终积劳成疾，累死在外面，他的身体被人们埋葬在了会稽山上，放眼望去，即使是再苦的奴隶也不会比夏禹更劳累了。然而，统治天下、管理万民的人被看作是无上尊贵的人，难道他们活着的目的就是为了操心费力，为了让自己住上环境艰苦的宿舍，为了让自己吃上难以下咽的食物，为了让自己干只有奴隶才会干的活计吗？在朕看来，这些事情都应该是那些才能低下的人去干的，而并非是天下贤明的人所从事的事情。那些贤明的人在统治天下的时候，不会为了百姓去吃没有必要的食物，他们只是会把天下的一切万物，都拿来满足自己的欲望而已，他们会享尽天下一切的乐趣，这才真正是把统治天下看得无上尊贵的原因所在。世间的人们之所以会说他们是贤明之人，是因为他们一定有安定天下、治理万民的本事。但倘若他们连给自己捞好处这一点都不会，那他们又怎么能够治理好天下呢？又怎么会为天下人捞好处呢？所以，朕这才会想着要恣心广欲，永远享受天下之福，永远享受天下之乐，而不受天下之祸，更不受天下之累。这该怎么办呢？"

李斯被新上任的老板秦二世胡亥说得无言以对，但也不是李斯不能说，只是在李斯看来，新上任的老板一点都不待见自己，自己说得越多，恐怕寿命就会变得越短，所以，李斯只能忍气吞声，以保全自己的性命。

五、李斯爱子　战死沙场

李斯的众子中，他的长子李由最为优秀。李由自幼就享受秦国最优质的教育，他与秦始皇的众皇子们一起学习交流。在秦始皇的众多皇子中，李由与皇长子扶苏的关系最好，他与扶苏一同拜在蒙恬将军的门下学习兵法，就是被赵高和李斯一起密谋逼死的那位。但是，李由虽然与扶苏相交甚好，但是，他的性格又与扶苏不同。李由自小性格就略显冷淡，特别喜欢安静、沉默寡言，为人行事心思极其缜密，城府也极深，他这一点和他父亲李斯很像，所以，李由也深得父亲李斯的喜欢，李由的行为举止也颇有其父李斯之风。

　　长大以后，李由成了三川郡守，驻守三川郡。等到秦朝换了老板，天下人开始对新上任的秦二世胡亥越来越不满，后来就发生了天下大乱，各地反秦的起义军造反不断。其中，最为强大的是我们前文提起到的陈胜、吴广统率的义军，这支起义军屡战屡胜。

　　原来，自从公元前 209 年七月，阳城人陈胜和阳夏人吴广起义，造反的情绪在秦国百姓的心中不断滋长。在大泽乡的一个瓢泼大雨天，陈胜振臂高呼："王侯将相，宁有种乎！"这一嗓子，惊醒无数梦中人。他们一举攻下了大泽乡。接着又攻下蕲县，这支起义军来势汹汹，势如破竹。当起义军攻下淮阳时，战车已经有了六七百乘，骑兵更是已有千余骑，手下士卒数万人。整支起义军声势浩大，势不可挡。他们准备攻克三川郡以后，就直接进取咸阳城。驻守三川郡的李由见此情景，立即派人飞书报告自己的父亲，也是当朝的丞相李斯："贼军十万人已经到达了许县，他们如果日夜兼程，很快就会到达荥阳。现在的荥阳城内只有两万五千名士卒，这些士卒正在日夜铸造兵器，同时，他们还要加固城墙，挖掘城河，防哨巡守，荥阳城内的士卒已做好为国献身的准备，也尽可能地做好一切准备保护城池。但是无奈兵力实在是太悬殊了，城内的存粮也只够数月食用的。望速速派兵前来增援。"

李斯收到爱子李由的求救信后，立即向秦二世胡亥呈奏。此时，秦二世胡亥正在咸阳宫里取乐，他一听敌军来势汹汹，竟吓得失魂落魄、六神无主，根本就没办法想什么对策。

李由见援军不到，他知道当前形势严峻，就亲自带兵防守，希望以此来鼓舞士气。为了能够稳定城内的秩序，李由还组织百姓一起协助守城。心思缜密的李由，还特别令掌管治安的官员对所有人员都加强检查，以防止敌人的奸细混入城内。

一天黎明，天刚蒙蒙亮，只听城外鼓角声惊天动地，起义军如同潮水一般，疯狂地涌到了荥阳城下，数不清的箭如同飞蝗一样，射向守城的士卒，起义军强渡护城河，他们架起云梯对城内发起了猛烈的进攻。李由誓死守城，他指挥守城的将士对起义军发起猛烈的还击，双方战死者的血染红了护城河水。吴广所率领的起义军，一路所向披靡，谁知却在他们攻打荥阳的时候，遭遇到了李由所率领的秦军的顽强抵抗。李由的英勇，让荥阳久攻不下，吴广率领的起义军和李由率领的秦军，形成了胶着状态。一连几天的激烈战争，双方的伤亡都十分惨重，万般无奈之下，起义军只得撤回淮阳。起义军在这场战斗中也吃尽了苦头，也正是这场战争，加速了吴广起义军内部的分化。

《史记·陈涉世家》载："吴广围荥阳。李由为三川太守，守荥阳，吴叔弗能下。陈王征国之豪杰与计，以上蔡人房属蔡赐为上柱国。"

公元前 208 年八月，就在秦二世胡亥当上秦朝皇帝的第二年，李由亲自率三万秦军至雍丘，与章邯共同破解了荥阳之围。之后他们又共同击败了邓说所率领的起义军，李由在许城击败起义军将领伍余以后，又率领秦军直抵起义军的都邑淮阳。当时，陈胜亲自出城督战，但是无奈秦军李由和章邯二人齐心协力，指挥得当，战士英勇，上柱国蔡赐战死。陈胜赶紧逃到了下城父，以求保全性命。

秦二世胡亥暴政激起了越来越多的反叛。直至后来项氏崛起，项梁、项羽率江东义军渡江到中原，刘邦也率义军在中原会合。此时，在咸阳宫中的赵高却向秦二世胡亥打小报告，开始陷害李斯说："丞相长男李由为三川守，楚盗陈胜等皆丞相傍县之子，以故楚盗公行，过三川，城守不肯击。高闻其文书相往来，未得其审，故未敢以闻。"（《史记·李斯列传》）

赵高要求秦二世胡亥立刻就派人去严查三郡守李由，看看他是否与起义军有相互勾结之事。这个秦二世也实在是一个糊涂蛋，他就像没长脑子一样，根本不思考李由先前拼命守城的事，他就无脑地听信赵高的谗言，立刻派王明、陈宗正二人到荥阳严查李由。而此时，李由刚到雍丘不久，项羽、刘邦就已经攻破了城阳，项梁带领他的起义军在定陶大破秦军。随后，项梁又命项羽、刘邦齐心攻陷三郡。驻守三川郡的李由率领秦军与项羽激战于雍丘，李由奋勇力战起义军。但是，项羽这边拥有十万大军，并且兵精粮足，士气旺盛。面对如此强大的敌人，面对朝廷对自己的不信任，李由没有选择放弃。他完全没考虑自己的处境，甚至是性命。一方面，李由派人快马加鞭去濮阳向自己的队友章邯求援，他知道此时自己只有向过命的伙伴求救，朝廷是不会给他派来一兵一卒的。另一方面，李由像对抗陈胜大军一样，他组织军民共同固守城池。在战场上，李由作为将领，身先士卒，拼命死守。

这场激战一直持续到第四天中午，李由的左臂不小心中箭，血流如注。李由咬紧牙关用力拔出箭头，随后从身上扯下一块布，包扎好伤口，带领秦军继续作战。但是无奈项羽天生神勇，直到下午城破，李由仍誓死不降，他率秦军与起义军展开了巷战。一直杀到城西门时，李由的身边只剩下十几个贴身护卫，但是，这些护卫在李由的影响下，个个以一当十，同心拼死奋战，直至全部战死在沙场上。

李由战死之后，起义军的将士们看到他的鲜血已经浸透了战衣，但是，他的手里却依然紧握着长矛，怒目圆睁，就连起义军也都为之哭泣。而前去调查李由是否有反叛之心的王明和陈宗正，闻听此事，心中也为之震撼，他们商议后，冒死向秦二世胡亥呈奏曰："臣奉诏至关东，查三川郡守李由并无通寇之事。雍丘一战，为国捐躯，忠烈可嘉。"起义军的将领项羽目睹了李由的惨烈之状，他也深为感动，从内心敬佩李由是一条汉子。然后

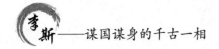

命人把李由的尸体送回他的老家上蔡安葬。

六、邪恶美文 《行督责书》

李斯听闻自己爱子李由战死沙场心痛不已，他又听闻自己被赵高陷害非常害怕。李斯此时把手中的爵位俸禄看得非常重，这是他拼尽一生得来的。当年，为了保住这份荣华富贵，他连对他恩重如山的秦始皇都能背叛，现在自己在秦朝中的地位却要有所动摇，他一时之间竟不知如何是好。在利益的驱使下，李斯想要曲意逢迎秦二世胡亥，希望可以求得宽容，于是，李斯便上书回奏秦二世胡亥说：

"自古以来，但凡是贤明的君主，都是能够全方面地掌握为君之道之人，这些君主又会对天下人行使督责的统治术。如此说来，贤明的君主对下一定会严加督责，这样，手下的众臣就都不敢不竭尽全力地为君主效命了。严加督责让君主和臣子的职分一经确定，有了严厉的制度，那么，君主和臣子的上下级关系的准则就明确了。在严加督责之下无论有才德的人，还是没有才德的人，都会全力以赴地为君主效命了。因此，天下间只有君主一人才能专制天下，而君主却不受任何约束，他可以享尽极致的乐趣，万事万物都应该为君主效力。天下贤明的君主啊，又怎会看不清楚这一点呢！

"所以申不害曾经说过：'如果一位君主，他已经占有了整个天下，却还是不懂得放纵自己的情欲，那么，他就是要把天下当成自己的镣铐了。'臣上书给陛下，并没有别的意思，只是想说不督责臣下竭尽全力效命君主，反而自己要去辛辛苦苦为天下百姓操劳，就好比古时的尧和禹那样，所以，那样的天下就被称之为'镣铐'了。如果，一位君主他不能学习申不害、韩非高明的'法''术'，他不去推行督责措施，让天下都效力于自己，他甚至不一心以天下的万事万物使自己舒服和快乐，反而，他心里只是整日里想着要为天下人白白地操心费力，甚至是拼命为百姓干苦差事，那这样的君主就是百姓的奴仆，并不是一位真正统治天下的帝王，这样的君主又有什么尊贵可言呢！天下人都明白，让别人为自己献身，那么，就证明自己是尊贵的，而为自己献身的人是卑贱的；反过来讲，让自己为别人的快乐去献身，那么，自然也就是让自己变成卑贱的，却抬举别人成为尊贵的。所以，人人都知道，那些为别人献身的人都是卑贱的生命，只有那些敢于接受别人献身的人才是真正的尊贵，从古到今，不都是这样的吗？放眼历史，自古以来，那些圣贤之所以能被人尊为贤人是因为他们尊贵；之所以人们都讨厌不肖的人，是因为那些不肖的人卑贱。提起历史上的尧、禹，大家都知道他们是为天下献身的人，有些人却因为尧、禹劳身于天下，而给予他们尊重，如此一来不就失去了尊贤的用心了吗？要知道，这可是天大的错误啊！我现在说尧、禹把天下当作自己的'镣铐'，这岂不也是很合适的吗？而这一切全都是因为尧、禹不能督责的过错。

"所以，韩非才会说：'一位慈爱的母亲，她的慈爱就会养出一个败家的儿子，然而，一位严厉的主人，他的家中因为他的严厉就不会有强悍的奴仆。'这是什么原因呢？这都是严加惩罚的必然结果。所以，商鞅的新法里规定，如果一个人在路上撒灰，那么这个人就要受到判刑。把灰撒在路上本来是一项轻罪，但是如果加之以刑，那么就是对这个撒灰于地的人的重罚。然而，只有掌管天下的贤明君主，才能如此严厉地督责轻罪。天下人会恐惧于一个轻罪都尚且如此严厉督责，更何况如果犯有重罪呢？岂不是难以想象的惩罚吗？在这种恐惧下，天下的百姓又有哪一个敢于冒犯王法呢。

　　"因此，韩非又说：'对于区区的几尺绸布，普通人看见以后，可能就会顺手拿走了，根本不把这样的事情放在心上。那么，若是看到了百镒的黄金，盗跖不会夺取。'这倒不是因为常人的贪心太过严重了，几尺绸布价值极高，盗跖利欲淡泊，也不是因为盗跖行为品德高尚，轻视百镒黄金的重利。仔细分析其中的原因，只是因为盗跖一旦夺取百镒的黄金，那么他立刻就要受到严厉的刑罚，所以，即使是盗跖他也不敢轻易夺取百镒黄金。如果管理天下的君主若不是坚决施行刑罚的话，那么，那些普通人也就都会顺手牵走那几尺绸布了。也正因为如此，那五丈高的城墙，楼季都不敢去轻易冒犯，因为他们心里害怕受到惩罚；然而那泰山高达百仞，连那些跛脚的牧羊人，也都敢随意在上面放牧。难道楼季是把攀越五丈高的城墙看得比攀登高达百仞的泰山还难吗？难道那些跛脚的牧羊人把登上百仞高的泰山看得比攀爬五丈高的城墙还容易吗？

"这是因为陡峭和平缓,两者形式不同。那只有五丈高的城墙,却因为其峻峭难登,楼季对其不敢轻易冒犯。泰山虽然是百仞高大,却因为其坑谷平坦容易行走,致使跛脚的牧羊人也可以大胆地放牧到其山顶之上。楼季面对五丈高的城墙都感到十分困难了,那么跛脚的牧羊人对百仞高峰会感到容易吗?这一切还不都是因为峻峭难登和平坦易走的原因吗?

"然而,明智的君主之所以能够让自己长久地处在尊贵的、高高在上的地位,可以把握天下最重大的权势,独自享用着天下间所有的益处。其实,这些明智的君主也没有什么特别的奥秘。他们只是擅长独断专行而已,他们运用手中至高无上的权力,实行严刑峻法来督察责求手下的官员,处罚务求深重,所以天下的人就都不敢冒犯君主定下的法度了。如果现在陛下制定让天下人不敢贸然触犯法令的措施,反而去力行以'慈母溺爱'而'败坏子弟'的办法,那么,这就是没有考察过圣人明君的言论了。这难道不是令人悲伤的事吗?

"更何况,如果任由那些节俭仁义的人在朝中任职管理,那么,荒诞放肆的乐趣就会因为这些人而中止;如果任由那些规劝陈说、高谈道理的臣子，一直在陛下的身边干预，那么，所有放肆无忌的念头就会全部收敛起来；如果任由烈士死节的行为受到世人们的推崇，那么，关于纵情享受、娱乐欢快的事情就要被放弃了。所以，一位真正圣明的君主，他是能选择排斥这三种人的。圣明的君主会独掌统治整个国家的大权，以驾驭那些对自己言听计从的臣子，为此，圣明的君主会建立一套严明的法制，这样，才能让天下臣子、百姓都畏惧自己，也才能显示出君主的地位尊贵、权势威重。所有的贤明君主，他们都能拂逆世风、扭转民俗，贤明君主会根据自己的喜好，决定废弃还是树立，只要是被他所厌恶的，他都会废弃；凡是他所喜好的，都会树立。只是这样的君主他在活着的时候，才能够享有尊贵的权势，他在死后，才会享有贤明的谥号。

"也正因为上面所讲述的种种，贤明的君主在治理天下的时候，才会选择集权专制，更不会让自己的至高权力落入臣下手中。只有手里紧握权力，才能对天下人斩断仁义之路，堵住游说之口，才能对那些困厄烈士的死节行为，让所有人都能闭目塞听，最终，才可以任凭自己独断专行。如此一来，在外，君主的

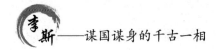

享乐才不会被仁义节烈之士的行为所动摇，在内，君主的专制也不会被劝谏的争论所迷惑了。只有这样，贤明的君主才能够荦然独行其为所欲为的心志，而没有人敢反抗君主的言行。

"像这样的君主，才可以说是真正了解了申不害、韩非的统治术，也是真正学会了商鞅的法制。我从来没有听说过，一位君主将这法制和统治术都学好而又明了了，天下还会发生大乱的事情。也难怪有人会说：'帝王的统治术其实是最简约易行的了。'然而，天下也只有贤明君主才会选择这么做。因为只有这样，君主才可以说自己是真正实行了督责，天下的臣子们也都没有离异之心，也只有这样，天下才会因此而安定，天下安定了，君主才有尊严可言。那么，一位有尊严的君主才能使督责严格执行，天下事有因就会有果，只有督责严格执行之后，高高在上的君主的个人欲望才会得到莫大的满足。然而，管理国家的君主的欲望得到了满足之后，他的国家才会富强起来，国家富强也会带给君主更多的享受和乐趣。所以，只要督责之术一旦被确立，那么，君主不管有任何的欲望都将得到满足了。天下的群臣和百姓，他们一心只想着要补救自己的过失都来不及，他们哪里还会有心思敢图谋造反呢？像这样治理国家的君主，才可以说是真正地掌握了帝王的统治之术，也可以大胆地说是了解了驾驭群臣的方法。这样的贤明君主，即使申不害、韩非他们再次来到世间，也不能超越了。"

李斯笔墨横飞，洋洋洒洒地完成了这封答书之后，上奏给秦二世，二世看了李斯这篇邪恶的美文《行督责书》后，非常高兴。于是，他就更加严厉地实行督责，他更加坚信向普通百姓收税越多，就越是一位贤明的官吏。秦二世甚至说："像这样才可称得上是善于督责了。"当时的国家，在大路上行走的人，其中居然有一半以上都是犯人，在街市上，每天都会有堆积如山的刚被杀死的犯人的尸体，而且，当时的官吏被认为杀人越多就越是忠臣。秦二世对群臣们说："像这样才算得上是实行督责了。"

李斯的邪恶美文《行督责书》，暂时保全了他的安危与荣华，但是阴谋和突如其来的权力使他催生出了强烈的不安全感。天下间，无论是臣子还是百姓，人人自危，借着维护秦帝国稳定为借口，一场血腥的政治清洗即将开始。一个又一个无辜的人成为这场政治清洗的牺牲品，恐怖的气息如同浓重的阴霾一样，正在逐

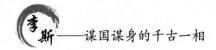

渐扩散到秦帝国的每一个角落。

李斯的《行督责书》给他留下了千古骂名。

第四章

千古奇冤　李斯的惨死

一、赵高挖坑　李斯中招

　　赵高在担任郎中令的时候，曾经为了利益杀死很多人，现在，赵高唯恐那些大臣们在上朝奏事的时候，向秦二世胡亥揭露他曾经犯下的种种罪行。于是，赵高就想了一个办法，他对秦二世胡亥说："陛下贵为天子，而天子之所以尊贵的原因，就在于要让入朝的大臣们只能听到天子的声音，却不能见到天子的尊容，这也是天子之所以自称为'朕'的缘故。更何况，陛下现在还很年轻，有很多事情未必都懂得，陛下现在坐在朝堂上，万一遇到什么事情，一时间，若有惩罚或奖励不妥当的地方，那么，大臣们就都知道陛下的短处了。天下人对于陛下的圣明也就有了怀疑之心。"

　　看来，当官还真得深得人心之道，赵高这连劝说带威吓的话，一下子就激起了秦二世胡亥内心的恐惧，连忙问赵高："爱卿，可有什么良策？"

"陛下，请听臣一言，陛下不妨深居宫中和我及一些熟悉法律的侍中待在一起。等待大臣们把公事都呈奏上来，陛下就可以和臣等一起研究决定了。这样，有了熟悉法律的臣子们的帮助，大臣们还有哪个敢把疑难的事情报上来？陛下也不用那么劳心费神，天下人也都会自然地称陛下为圣明之主了。"秦二世胡亥仿佛觉得赵高说什么都是对的，他立刻就听从了赵高的主意，从此以后，秦二世就不再坐在朝堂上接见大臣，听大臣们议事，而是听话地深居在宫禁之中。而赵高也成为秦二世在外面的代表，赵高常在秦二世身边侍奉办事，说是一起商议，其实，就是一切公务都由赵高决定。

没过多久，就有人向赵高汇报说，李斯对于皇帝不上朝的做法颇有不满。于是，赵高私下找到李斯，满面愁容地说："丞相啊，老夫最近很是忧愁啊！函谷关以东地区盗贼频频出现，而咱们现在的皇上不但将此事置之不理，还下令要加紧遣发劳役修建阿房宫，甚至还让一些将领去搜集那些狗啊马啊等没用的玩物。老夫有心想要劝谏几句，但是无奈我的地位实在是太卑贱了。可是，话又说回来，这些事难道不应该是您丞相的事吗？丞相为什

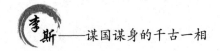

么不去劝谏呢？"

赵高的话正中李斯的下怀，回想起自己曾经是怎样劝谏先帝秦始皇的，他心中立刻涌起了万千勇气，李斯信誓旦旦地说："确实这样，本丞相早就有话想要对当今皇帝说了。无奈的是现在的皇帝根本不愿意临朝听政，整日里都深居于宫中，我想说的这些话又不方便让别人去传达，可是，我现在想要见皇帝当面说明，又没有机会。"

赵高见李斯果然有此想法，立刻拍着胸脯，对李斯说："丞相若真能够劝谏皇帝的话，那么，就让老夫为您效一回力，老夫亲自替丞相打听，只要皇上一有空闲，我就立刻派人来通知丞相。"李斯和赵高二人就这样愉快地决定了。李斯怎么想的，赵高是一清二楚，只是赵高到底怎么想的，李斯却并没有摸清楚。

这一天，赵高陪同秦二世在宫中闲居娱乐，几位美女正围绕在秦二世的左右。赵高偷偷地派人去告诉李斯皇上此时正有空闲，丞相可以进宫奏事。李斯得到赵高传来的消息，想都没想，立刻就跑到宫门前去求见，前两次都被秦二世胡亥给拒绝了。无奈，没过多久，赵高又传信给李斯，这李斯还真是把秦二世当成了秦始皇，他第三次又来了。秦二世正玩得开心，听到李斯又来求见，就非常生气地说："朕平日里空闲的日子多得很，这个李斯，在我空闲的时候从来不求见，偏偏朕在寝宫休息、玩耍的时候，他就来请示奏事。他这是故意与我作对并且轻视我啊！"

赵高赶紧凑上前，满脸神秘，小声地说："陛下这样说话，可真是太危险了啊！从前的沙丘密谋，丞相可是也参与了。现在，陛下已经即位成为皇帝，然而，丞相的地位却一直都没有提高过，李斯这样求见，显然他是想向陛下要割地封王啊！"

"这个李斯真是胆大妄为！他居然敢有此野心？"秦二世听赵高这么一说，更加生气了。

赵高趁机赶紧说："如果陛下不问臣，臣是实在不敢说的。陛下可还记得丞相的大儿子李由曾经担任三川郡守，而楚地强盗陈胜等人他们不也都是丞相故乡邻县的人。也正因为如此，这些强盗们才敢公开横行于世，经过三川时，丞相的大儿子李由只是守城，却一直没有出城与强盗们对战。臣还听说丞相的大儿子李由与那些强盗之间有过书信往来，只是一直没有调查清楚他们之间到底是什么关系，所以，这才一直没敢向陛下禀报啊！更何况，臣知道丞相在外，他的权力甚至比陛下还大。"秦二世再次认定赵高说的话就是对的，无奈手中没有真凭实据，一时间没有法子办丞相，又担心这其中会有隐情。秦二世就立刻派人去调查三川郡守与盗贼勾结的具体情况。很快，这个消息就传到了李斯那里。

司马迁在《史记》中记载：

赵高闻李斯以为言，乃见丞相曰："关东群盗多，今上急益发繇治阿房宫，聚狗马无用之物。臣欲谏，为位贱。此真君侯之事，君何不谏？"李斯曰："固也，吾欲言之久矣。今时上不坐朝廷，上居深宫，吾有所言者，不可传也，欲见无间。"赵高谓曰："君诚能谏，请为君侯上闲，语君。"于是赵高待二世方燕乐，妇女居前，使人告丞相："上方间，可奏事。"丞相至宫门上谒，如此者三。二世怒曰："吾常多间日，丞相不来。吾方燕私，丞相辄来请事。丞相岂少我哉？且固我哉？"赵高因曰："如此殆矣！夫沙丘之谋，丞相与焉。今陛下已立为帝，而丞相贵不益，此其意亦望裂地而王矣。且陛下不问臣，臣不敢言。丞相长男李由为三川守，楚盗陈胜等皆丞相傍县之子，以故楚盗公行，过三川，城守不肯击。高闻其文书相往来，未得其审，故未敢以闻。且丞相居外，权重于陛下。"二世以为然。欲案丞相，恐其不审，乃使人案验三川守与盗通状。李斯闻之。

　　李斯听到了消息，知道自己被赵高给耍了，他立刻又去求见秦二世，无奈秦二世正在甘泉宫内观赏角力和杂戏表演，李斯再次被秦二世拒之门外。

　　无奈之下，李斯又一次使出了他的杀手锏，他在文案前奋笔疾书，上书诉说赵高的短处："臣听闻，在一个国家之中，如果有大臣想要同君主平起平坐，处处要求势均力敌，那么，这样的大臣就没有不会危害国家的；在一个家庭之中，如果小妾想要同丈夫平起平坐，处处都要求同等待遇，那么，这个小妾就没有不会危乱到家庭的。仔细观察在陛下的身边就有这样的一位大臣，无论发生的是好事还是坏事，他都采取专断独行的作为，他的权势和陛下的权势已经没有什么两样了，这就是一个国家的大害了。

　　"从前，在宋国有一个丞相，名叫司城子罕，他在宋国包揽承办了朝廷中一切刑罚事务，除此之外，他还运用各种手段威逼，迫使朝廷中的大臣都要与他亲近，天下的百姓都惧怕他，结果刚刚一年的时间，这个丞相司城子罕就篡夺了宋国的王位。

"齐国曾有一个叫田常的人，他在当齐简公的臣子时，他的爵位已经高到都没有人能和他匹敌的了，田常的私人财富多到可以和公家的相等了。田常就常常拿着爵禄和财物，去赏赐给周围的人，于是，天下群臣和百姓的心都归附了田常。后来，田常在暗中利用机会，偷偷盗取了齐国的政权。最终，田常带兵在庭院里把宰予给杀了，接着，田常又带兵来到朝堂上，把齐简公给杀了，田常篡得了齐国。

"臣上面所讲述的，都是家喻户晓的例子。现在，陛下身边的赵高就有此奸邪的心意，他叛逆的行为，就好似以前的司城子罕辅佐宋国一般。而赵高私人的财富，也已经像当年田常在齐国那样多了。现在的赵高使用了田常和司城子罕两个人叛逆的方式，已经篡夺了陛下的威严诚信。陛下难道还不担心吗？更何况，赵高的野心就像韩王己辅佐韩王安一样，他是想要消灭国家啊！陛下如果还不早做打算的话，臣恐怕他迟早是要叛乱的呀！真到那时，恐怕一切都将晚矣！"

第四章　千古奇冤　李斯的惨死

秦二世胡亥看到李斯的上书后，召来了李斯，满脸不悦地说："你这写的都是什么话呢？赵高原本只是一个宦官而已，可是他却没有因为处境舒适就为所欲为，他也没有因为处世艰危就改变了他对朕的忠诚。他之所以能得到提拔，全是因着他的忠心耿耿。他之所以能够保住他的地位，也全是因为他的信义。在朕看来，赵高着实是一个了不起的人才，然而，丞相你却怀疑他，这究竟是为什么呢？现在，朕正值年轻，先皇已经离开，朕自己没有什么见识，也不懂得什么治理天下的学问，再看看你年纪已经大了。朕要是没有赵高，恐怕永远都没有机会掌管天下政权了。现在，我把朝廷中的大事都交给赵高处理，有什么不对的吗？我不交给他，又能交给谁呢？并且，赵高为人精明强干，又正当年富力强，他能够洞悉民间的一切隐情，还能够顺适我的心愿去做，你可千万不要再怀疑他了呀！"

李斯算是听明白了，这位新老板，对自己已经没有半点信任，他似乎也看到了如果此次自己与赵高的较量要是输了，那么，他在朝中的地位、荣华也将烟消云散，李斯不禁难过地说："事实并不像陛下所说的那样啊！赵高不过就是一个卑贱的小人，他哪里懂得什么治国平天下的道理啊！并且，这个人生性贪得无厌，追逐利益，为了一己私欲不择手段。如今，他的权势地位，简直就和陛下不相上下了啊，赵高的欲望就像一个没有穷尽的深渊。所以，臣说这样下去，实在是太危险了！"

"你先下去吧！容朕想想！"秦二世见李斯说不通，就想赶紧打发他下去。

李斯的话并没有让秦二世胡亥对赵高产生怀疑，反而生怕李斯把赵高给杀了。李斯前脚刚走，秦二世就赶紧下令把赵高召来，把刚才李斯说的话全都告诉了赵高。

赵高听了以后，立刻感激涕零地说："臣能得陛下的信任，即使让臣现在去死，也没有什么遗憾了。不过，丞相所忧虑的只有我赵高。等臣一死，那么，丞相就将要做田常所做的事情了。"

秦二世没有听李斯的，但是，对于赵高的话，他却深信不疑，他随口就说："那就把李斯交给你治罪吧！"赵高此计得逞，他领命审讯李斯。

以往朝廷里的红人，丞相李斯被上了刑具，拘捕起来。

赵高逮捕了李斯所有的宗族和宾客。李斯因小人赵高的谗言被抓入狱，而更让李斯哭晕的是，赵高还成为这起案件的主审官。

李斯的罪行本就是赵高杜撰出来的，无奈，赵高这个谎编得没什么破绽，再加上秦二世胡亥又相信了。但刚一入狱的李斯哪里肯承认这原本就没有的罪啊！

可是，李斯和赵高那真是仇家相见分外眼红啊，赵高哪会对李斯心慈手软，还没等李斯想出对策，赵高就下令让人对李斯一顿招呼。在严刑拷打下，李斯实在熬不过，只能招认。

说来也奇怪，李斯最初是不肯认罪的，然而，就在赵高下令逮捕李斯后，朝廷上下竟然没有一个人站出来，想要捞一把快淹死的李斯。这也许就能说明赵高的权势威吓住了满朝文武大臣，另一方面也说明李斯这位丞相在位时很可能就是"曲高人和寡，主苛客不勤"。

论管理国家的才能，赵高的确没有李斯点子多，但是，要说起这害人的计谋，赵高可是比李斯套路深得多。赵高知道李斯才华出众，多年来，李斯在秦廷里能够如鱼得水，除了有一些治国的才干外，他的巧舌如簧也帮了他不少忙。而如今李斯虽然在自己的酷刑下屈服认罪，但这也只是假象。李斯只是在等秦二世派

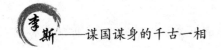

人来复审的时候再进行翻供。

这天夜里，李斯拖着伤痕累累的身体，躺在监狱里，他痛苦地抬头仰望天空，不禁叹息着自言自语道："唉！回想我的一生，可实在是悲痛啊！面对无道的君王掌管天下，我又怎么能去为他出谋献策呢？我难道是指望着用自己的一片忠心，换取无道君王的信任吗？历史上，不是有夏桀杀了关龙逄，商纣杀了王叔比干，吴王夫差杀了伍子胥，世人不也都是知道这三个臣子吗？这三臣子难道不曾对国家赤胆忠心吗？可是，他们的赤胆忠心没有能让他们逃掉被诛杀的厄运。

"关龙逄、比干、伍子胥他们悲惨结局，不都是因为他们看错了对象，选择了尽忠于无道的君主。而事到如今，我才明白我的聪明智慧远远不如他们三位，而当今皇帝的昏庸荒淫，却又远远超过了桀、纣和夫差，所以，我今日因尽忠于二世而被杀，这一切不也都是应该的吗！

"再看看秦二世胡亥，他治理天下的办法，难道不是在戏耍、在胡来乱搞吗？就在前不久，他居然毫无顾忌地屠杀了自己的兄弟手足。在我和赵高的帮助下成为皇帝以后，他又屠杀了为大秦尽忠多年的忠臣，然后，去重用那些身份低贱的人，并且为了自己的欲望，他还大量奴役人民修建阿房宫，让天下的百姓都背负起了繁重的赋税。

"对于秦二世胡亥的这些暴虐无道的行为，我是一味地进谏，希望他可以像他父亲一样，建立一番丰功伟绩，只是他一直都不肯听我的话呀！从古至今，但凡是古代圣贤的君王，他们有哪一个是挥霍无度的，他们就连自己的饮食都有节制，他们所乘坐的车马、器用也都有一定的数量，对于居住的宫殿、房室也都拥有一定的制度，他们并没有把自己的享乐放在天下百姓的痛苦之上。古代圣贤的君王无论是要颁布命令或兴办事业，只要觉得这些是徒增浪费，并且，所做的对天下百姓的利益无补的，全部都会在禁止之列，所以，这些圣贤的君王才能使天下长久治安哪！百姓才能够安居乐业，管理集团也才能维持稳定发展。

"现在，秦二世胡亥根本不考虑这些，他只顾自己一味地享受。为此，甚至不惜对自己的兄弟施以违反常理的野蛮手段，然而，他根本没有顾虑到自己的残暴将留下怎样的后患；不仅如此，他还对忠臣们胡乱诛杀，根本没有想过，滥杀无辜所带来的灾祸是他无法承受的；为了满足自己无限的欲望，他开始大规模地建造宫室，对百姓抽取重税，根本不爱惜百姓的血汗钱，更不爱惜属于自己的百姓。

"秦二世胡亥已经把这三件恶事全部做出来了，这也导致天下的百姓根本不会信服他。放眼秦国大地，现在造反叛秦的百姓，已经占据了秦国一半的疆土，这是多么可怕的事情啊！可是，秦二世胡亥的还是不知醒悟，他居然还要那个小人赵高来辅佐他，他真是要把先帝辛苦打下的江山亲手毁灭啊！

"不久的将来，我相信，我必定会亲眼看到各地反叛的盗寇攻打进咸阳城，秦国的朝廷就将在转眼之间变成一片荒野废墟，最后，恐怕只剩几只麋鹿在那儿来来往往啊！"

不得不说，李斯的口才那真不是一般的了得，就连他的自言自语也是出口成章，思路清晰。而李斯之所以一直忍屈受辱，却始终不肯自杀的原因，也真的是让赵高猜对了，他又在等待一个机会。李斯自己也是因为口才很好，一生又对国家有重大的功劳，自己又确实未曾有过谋反的心思。所以，李斯想着他一定要找机会，陈述自己的冤情，说不定自己的文笔才华会使秦二世胡亥醒悟过来，从而赦免他的罪，而官复原职，这也是说不准的事。

想到这里，李斯开始在狱中上书秦二世胡亥说：

"臣自从担任秦国丞相以来，治理天下百姓，已经有三十多年了。

"回想当初，还记得臣刚来到秦国的时候，国家的领土还十分的狭小。先王登基初年，秦国的版图不过区区千里而已，国中的士兵也只有几十万。

"臣忠心于秦国，于是，竭尽自己微薄的才能，几十年间，臣小心谨慎地执行国家的法令，希望百姓安康；为了拓展土地，臣又暗中派遣谋臣，带着大量的金银珠宝去游说各国的诸侯；暗地里又默默地整备武装，加强国中的政令效力，并且挑选任命敢死的人作为官吏，同时在选拔官员时，特别尊重一些有作为的功臣，把他们的爵禄格外地提高。

"通过以上所说的种种措施，最终逼迫韩国，弄垮魏国，打败燕国、赵国，消灭齐国、楚国，在短暂的年日里，先后吞并了这六个国家，扩大了秦国的版图，又俘虏了诸国的国君，致使这六国都归顺于大秦。而后辅佐秦王为天子，现在看来，这真是臣的第一件罪状啊!

"秦国的土地已经由原来的区区几千里,变得广阔无垠了,可是,微臣随后又主使军队北伐匈奴,南定百越,希望可以用此来夸耀秦国势力的强大,回想过往,这实在是臣的第二件罪状啊!

"为了稳定秦国朝廷,使君臣上下一心,微臣又一心尊重大臣,给予他们较高的爵禄,希望可以借以巩固君臣间亲密的联系,现在算来,这应该是微臣的第三件罪状啊!

"为了彰显大秦皇帝的贤能,微臣又立定掌管土地的社神和掌管五谷的稷神,修明宗庙的祭祀,时至今日,臣才明白这是臣的第四件罪状啊!

"为了让大秦树立不朽的名声,微臣又昼夜思考,终于想出更改器物上所刻的徽饰花纹,统一度量衡的标准,并且还颁布了天下各种制度的明文规定,希望天下都以大秦的法度为准则,这是臣的第五件罪状啊!

"为了能够显示大秦皇帝的威严,臣特意命人修筑了天子专用的道路,建造供游览的名胜地区,这是臣在位时期所犯下的第六件罪状啊!

第四章　千古奇冤　李斯的惨死

"为了让天下万民都能够拥护君王，臣选择放宽刑罚，减轻租税，希望通过此来满足百姓生活的需要，以让万民感恩君王的厚恩，至死不能忘怀，这是臣所犯下的第七大罪状啊！

"现在回首这三十余载，像臣这样的人，所犯的罪状，早就该叫臣死了，幸而皇上仁慈一直准许臣在朝廷尽力服务，这才让臣侥幸活到今天。但愿陛下对这一切能明察！"

李斯的七宗罪，其实是在讲述自己为秦国曾经立下的汗马功劳，李斯把所有希望都寄托在了这封信上，希望自己可以唤醒秦二世胡亥，让自己的冤屈得以洗脱。然而，寄托着李斯全部希望的信件呈递上去后，却让赵高指使官吏当作废纸丢弃了，赵高怎么可能让李斯上书给秦二世胡亥。赵高对官吏说："囚犯凭什么可以上书呢？"一句话就结束了李斯所有的希望。

为了防止李斯在皇帝派人复审时翻供，赵高又命令他的私党十余人，假扮成御史、谒者、侍中等官员，到狱中对李斯轮番进行审讯，他们一次又一次地去审讯李斯。最初，李斯还信以为真，立刻更改口供，把全部实情向这些人陈述，谁知，说了实话的李斯，换来的不是洗清冤屈，而是一顿毒打。赵高经常派人这样折磨李斯，只要他一说实话，就对他严加拷打。

后来秦二世胡亥真的派人来调查李斯，向他对证口供，李斯却被前几次给打怕了，他以为这次又同前几次一样，只要一说实话就要受刑，所以，在这次真实的核查时不敢再改口供，而承认自己犯罪属实。就这样，在赵高的设计下，李斯失去了唯一一次可以申冤的机会。

于是，当赵高把李斯签字画押的口供拿给秦二世胡亥时，他对赵高感激不尽，对李斯深恶痛绝。秦二世非常高兴地说："这回要是没有爱卿的帮助，朕险些就让丞相李斯给出卖了！"在秦二世胡亥看来，赵高是帮助自己解决了一个大麻烦。

而秦二世胡亥派遣去调查三川郡李由罪状的使臣到达三川时，李由已经被项梁（一说为曹参）杀死了。使者回来的时候，又碰巧李斯已经把自己的口供交给了狱吏，已经无法再翻供了。于是，赵高就把使者调查的实情又进行了篡改，并且还假造一些李由叛变的报告。

秦二世看到这一切证据后，立刻下令判李斯死刑。

第四章　千古奇冤　李斯的惨死

二、刀前顿悟　黄犬之叹

在人世间有着许多的不公平，但是，有两样东西对所有人，无论是尊贵还是卑贱，都是极为公平的。一个是时间，一天24个小时，没有人可以多过一秒，或者少过一分。也没有哪一个人可以青春永驻。另一个就是死亡，世间人人都有一死，不管你生平是叱咤风云，还是平淡无奇，每一个人都将面对。在历史上，曾经有无数的帝王都妄想着让自己长生不老，结果他们一个个不是被自己的痴心逼死，就是被长生不老的金丹给毒死了。没有哪一个人能逃过死亡。

自己最心爱的大儿子已经战死，李斯最后的一线生机也随之消灭了。秦二世胡亥生气地一拍板："李斯这对父子谋反罪名成立，罪当五刑，灭三族，腰斩于咸阳之市。"这一场玩命的暗战终于宣告结束，在政治家李斯和阴谋家赵高的生死之战中，赵高阴谋得逞并大获全胜，李斯不但被赶出了秦廷中枢，还被推入了万劫不复的深渊。

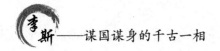

李斯在狱中也终于等到了最后的时刻，李斯及其族人全部被押解到咸阳街头，去接受李斯自己制定的残酷刑罚。

世间的每一个人都知晓自己有一死，但是一个人能否平静地面临自己的死亡，却是很少有人思考的问题。然而，一个人在临死前的态度也体现了这个人的境界。

历史上，庄子在临死的时候，要求自己的弟子在自己死后，随便将他扔到一个荒郊野外就可以了。因为在庄子看来，一个人的尸体在荒郊野外被鸟兽吃掉，与让尸体披着金镶玉被埋在地下被虫子吃掉，结局是一样的，何必要折腾活着的人呢！庄子认为人本就生于自然，而最终也将归于自然，所以，一个人死后，他的下葬是否隆重都不要紧了。

而大师王阳明在临终前曾说："我心光明，夫复何言！"在王阳明看来，他生时已经努力地做一个光明磊落的人了，内心光明，这就够了，没有任何遗憾了。这让我们看到了王阳明这个哲人光风霁月的境界。

魏晋名士领袖嵇康，他在走向刑场时，旁边悠然弹起了一曲《广陵散》，嵇康平静而优雅地迎接着要砍掉他头颅的屠刀，嵇康让我们看到了道家"纵浪大化中，不喜亦不惧"的态度。

　　但是，同样都是牛人，李斯的临终遗言又是什么呢？让我们一起来看看吧！

　　《史记》中说：

　　斯出狱，与其中子俱执，顾谓其中子曰："吾欲与若复牵黄犬，俱出上蔡东门逐狡兔，岂可得乎！"遂父子相哭，而夷三族。

　　李斯本就是秦国封建制度的缔造者，现在，他却要和自己的二儿子一起被腰斩。在押赴刑场的路上，已经七十三岁、白发苍苍的李斯曾回头对着身旁同被判死刑的二儿子说："我和你一起牵着黄狗在东门外打猎的日子再也没有了。"

　　原来，在李斯居所的东门外就是一片水草丛生的沼泽地，那里树林茂密，荒草没人，因为没有人类的打扰，林中常有成群的肥兔在那里出没。李斯之前在公事之余，经常和他的儿子到那里打猎，那里没有官场的纷争，没有尔虞我诈，有的只是单纯的父子深情。所以，李斯直至被杀之前仍然怀念与儿子打猎的悠闲时光。

只是不知此时，在李斯的内心是在感叹当来之不易的荣华富贵如一缕烟云顷刻而散，人生从此就再无意义了，还是在感叹，他与儿子的亲情就此永远断开了。但是，我们不难看出，李斯认为最舒适的日子，就是与儿子一起去东门外牵着黄狗自由自在地生活。此时的李斯多么想再回到从前啊，可是再也回不去了。

同为牛人的西晋大才子陆机，他在被杀时也与李斯一样，发出了同样的感叹，陆机感叹再也无法听到家乡的鹤鸣了。

李斯的"黄犬之叹"与陆机的"华亭鹤唳"，都展现了一个血淋淋的事实，仕途是一条冒险之路，是一条流血之路。在仕途的争斗中，要么你让别人脑袋搬家，要么别人就会让你身首异处。李斯的"黄犬之叹"与陆机的"华亭鹤唳"，也让我们看到哲学家老子曾经说过的"功成身退，天之道也"。

李斯说完此话后，大哭不止，他的次子也跟着痛哭，族人们也无一不哭，围观的百姓也被感染，多有涕泣者。曾经大秦帝国的创业者之一，曾经是一人之下万人之上的名相李斯，在临死之前的最后遗言，竟然没有豪言壮语，却是憧憬起那普通人最容易得来的幸福。然而当初拼死都要爬上高位，最终却又向往普通人的幸福，只是，生命已经不在，又何来幸福可言呢？这可真是人世间最残酷的玩笑啊！这样的玩笑，有几个人能开得起呢？但是，放眼天下不尽是不计后果，开此玩笑的人吗？

早知现在，又何必当初呢！当初的李斯宁愿选择背弃秦始皇，也要紧抱着"权力"二字，不死不休！可见，李斯此人是有大才却无伟魄。

三、身受酷刑　惨不忍睹

中国历代的丞相中，若要论下场最可悲、死得最惨的人，恐怕要首推秦相李斯了。

午时三刻已到，监刑官来到刑场，《史记》中记载：

二世二年七月，具斯五刑，论腰斩咸阳市。

"诛三族"，也就是：母族、夫族、妻族，上下多达几百口人。"五刑"，是指五种刑罚，主要包括"黥、劓、刖、宫、大辟"，除此之外，据《汉书·刑法志》记载还有"醢、笞杀、断舌"等。更具讽刺意味的是，李斯就是《大秦律》的制定者和执行者。

自从实行商鞅变法后，秦国的律法严明。李斯的下场和商鞅一样，都不得善终。但是，他的死法，要比商鞅惨得多。五刑实施起来是一个漫长的过程，远没有一死了之来得简单痛快。下面我们一起来看看这些残酷的刑罚。

黥

黥刑，也被称之为墨刑，是指先用利刃割破犯人的面部，然后再将墨水涂在其伤口处，等脸上的伤好了以后，自然就会留下深黑色的伤疤。这种刑罚我们都听说过，如《水浒传》里的武松、林冲等，他们受的就是墨刑。

劓

劓，是一个会意字。劓刑，顾名思义就是用快刀把犯人的鼻子，一点一点地割下来。其场面之血腥，难以想象。

刖

刖刑是指把犯人的双脚用刀砍下来，有时候也包括犯人的双手，具体如何操作，这要看当时行刑官的心情了。

宫

宫刑大家就会比较熟悉了，就是如果有人想要进宫当太监必须经过的那一步。宫刑主要是用来针对那些犯了淫罪的人，施行的一种破坏、割掉其生殖器的刑罚。

大辟

大辟在当时也被称为死刑，它是"具五刑"中最"要命"的刑罚。大辟的具体手段不固定，这种刑法可以是杀头，可以是绞刑，甚至也可以是五马分尸等。

醢

醢刑是所有刑罚中最为残忍的一种。在最开始的时候，会将活着的人放入臼中，然后就像捣蒜一样，用粗硬的木棍或者是铁棍，活活地将人捣死。不知是不是因为施刑者见这种刑罚过于残忍，后来就将这种刑法改为先把人杀死，然后再将其分尸，最后，将其尸体放入臼中捣成肉泥。

笞刑

笞杀这种刑罚相对于"醢"来说，要好一些，但是手法也是

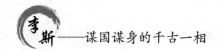

相当残忍的。笞刑就是将犯人的衣服全部脱光，然后用笞棍活活打死。

断舌

断舌这种刑罚就比较好理解了，就是割掉犯人的舌头。这种刑罚主要是针对那些口出狂言，诽谤领导的人，领导心中愤怒，就将犯人的舌头割下来，是一种"对症下药"的刑罚。

让我们再来看一下李斯行刑的过程。行刑者先是用利刃在李斯的面部刺字，然后又拿快刀割掉李斯的鼻子。之后，又将李斯左右的足趾全部切掉，接下来，又割掉了李斯的生殖器，最后将李斯腰斩，这就是李斯所受的"五刑"。

当李斯身体上的零件一件件、一块块被割下去，鲜血已经流遍李斯的全身，当锋利的铡刀从他的腰间一砍而下的时候，一切似乎都已经结束。李斯感受到的是从阵阵刺痛，到钻心剧痛，再到痛不欲生，最后到不知疼痛。

然而，这种刑法让李斯无法立刻死去，他仍然活着，并且，他正在用一种奇怪的视角，看着那已经不属于自己的下半身。这血淋淋的场面，把他自己都吓着了，他努力地挺着浑身是血的半截身子，痛苦地满地爬行，李斯血肉模糊的上半身在刑场上歪歪扭扭地拖出一道蛇形的血痕。

李斯的这一场最后的生命之舞，足足痛苦了近半个时辰，李斯是看着自己慢慢死去的，同时他也看到了自己为之追逐一生的荣华富贵、权势地位也随之而去。最终，李斯谢幕倒地。随着李斯的倒下，李氏一门全族，无论男女老幼，一共三百余人，全部都随着李斯一起死于铡刀之下，咸阳城内，一片腥风血雨。一场大规模的杀戮风暴从咸阳城内刮起，迅速刮向全国，不安的情绪在百官心中滋生。

回顾李斯的一生，他从平民布衣，经过一番打拼，在秦国灭六国的风云际会中，成为秦国文化及典章制度的缔造者，同时，也成为法家思想杰出的实践者。李斯位极人臣，当时，自己所得到的地位和财富，或许已经超出了李斯的想象范围。

李斯的崛起是从他的"老鼠之叹"而起。李斯的生命是以他的"黄犬之叹"画上的句号。

李斯并不是一个糊涂人，他在功成之日也曾经想过要像范蠡那样泛舟五湖，想到了历史过往中那些兔死狗烹之事，他也曾想过收手，但是，他最终还是没有做到。在美轮美奂的夜宴之后，头脑清醒的李斯也深知"物壮则老，盛极必衰"的道理。但是，无奈李斯在滚滚红尘浊浪的推动下，他的无限欲望还是紧紧抓住了他，他没能摆脱欲望的纠缠。最终恰如李斯所说，熏天的权势富贵一刻轰然倒塌，身死族灭。

李斯的悲剧可能就在于，该收手的时候，未能及时收手，他对功名荣华的一往无前，最终将自己逼到无路可走。

连一心向往功名，梦想"大鹏一日同风起"、自信能让海晏河清的唐朝大诗人李白对李斯的悲剧也颇有共鸣，对此李白发出了自己深深的感慨。李白在《行路难》中写道：

吾观自古贤达人，功成不退皆殒身。

子胥既弃吴江上，屈原终投湘水滨。

陆机雄才岂自保？李斯税驾苦不早。

华亭鹤唳讵可闻？上蔡苍鹰何足道？

君不见吴中张翰称达生，秋风忽忆江东行。

且乐生前一杯酒，何须身后千载名？

第四章　千古奇冤　李斯的惨死

唐代诗人李白在经历了无比辉煌的三年生活以后，被当时的皇帝唐玄宗"放金还山"，李白被赶出了长安城。被赶出长安城的李白就用陆机难以自保、李斯停不下来的故事来安慰自己，在世人眼中，李白的自我安慰也是实属无奈。但是，李白似乎认识到，在那一个秋风起时，忆起江南鲈鱼美味，毅然决定辞职回到家乡的张翰，才是真正看得开、放得下的智者，所以，后来在李白来看，人生的意义在于生时一杯酒，李白手中的酒已经胜过了千秋万古名。

其实，历史证明李白也并非是洞彻天机之人，李白在离开长安城后，做了各种努力，可最后都以失败告终。李白只好隐居庐山，后来，他又因为抵挡不住功业理想的诱惑，加入进了永王幕府。永王最后兵败被杀，那么，加入永王幕府的李白自然也就成为朝廷的叛逆。幸亏当时有人为了营救李白四处奔走，这才让李白改为流放夜郎，否则李白也要如李斯一样有"黄犬之叹"了。

道理谁都懂，但能不能做到就是另外一回事了，这也许就是人类的悖论。命运坎坷的诗豪刘禹锡，也曾因为参与王叔文的改

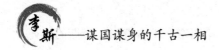

革且大嘴巴永不服输的性格，在"巴山蜀水凄凉地"被"二十三年弃置身"。在经历官场的险恶后，刘禹锡对李斯的命运也是感慨尤深的，他在《题歃器图》中写道：

> 秦国功成思税驾，晋臣名遂叹危机。
>
> 无因上蔡牵黄犬，愿作丹徒一布衣。

刘禹锡在多年官场蛰伏中终于明白，其实，人生就如同一个歃器，当有水注入歃器一半时，歃器方正不倒，如果一旦水满，歃器则会倾覆。

看看李斯的悲剧，也正是如此吧！人生就是如此，月圆则缺，花盛则落。圆满的人生，有时需要学会急流勇退，人在盛极时，也要学会及时收手，不要重蹈李斯"黄犬之叹"与陆机"华亭鹤唳"的覆辙。人人都能洞彻必死的事实，但不是人人都能够平静地面对死亡。面对此事，曹雪芹似乎说得更加透彻一些，"身后有余忘缩手，眼前无路想回头"。

极热之时，能独自冷静；

极盛之际，能选择退下。

谁说，放弃不是一种智慧？

李斯死了以后，这场政治斗争的胜利者——赵高亲自带领手下人到上蔡抄了李斯的家，赵高为了泄愤，让人在李斯的故居进行了残酷的"挖地三尺"，最深处竟达丈余。

久而久之，李斯的故居被挖成了一片芦苇丛生的坑塘。后人们为了纪念李斯，称此处坑塘为"李斯坑"。

李斯就被安葬在蔡国故城的西南部，位于李斯楼东南角，是一个高大的土冢。那里的百姓自秦至今，留下一个习俗：在清明节扫墓时不在坟顶上放置祭物（即圆形土块）。之所以有这样的习俗，主要是因为李斯没被杀头。因而用这样的习俗让李斯楼的人们永远记住李斯被赵高杀害的冤案。

在李斯墓的四周砌有整洁的石阶，在他的墓前还竖有一块墓碑，上面刻着"秦丞相李斯之墓"。在李斯墓的四周松柏掩映，树荫下更是花木丛生，在墓的西边不远处有李斯跑马岗和李斯饮马涧。据当地流传，李斯年轻的时候，经常在此处纵马驰骋，如果马渴了，李斯就会牵马来此涧沟饮马，所以，后人称此处为跑

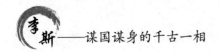

马岗和饮马涧。环看李斯的整个墓区，岗岭高耸，涧水澄清，云浮碧野，鸟语花香，是一处风景优美的游览胜地。

而后来被人们称为"李斯楼"的则是李斯生前在乡下的故居。原来，在李斯被害以后，李斯最小的儿子在他亲朋的掩护下得以幸免，他们将李斯的幼子藏匿在李斯楼中。直到现在，李斯楼村的居民都姓李，据说他们是李斯的后代。

唐朝诗人胡曾专为李斯墓题了诗，其诗曰："上蔡东门狡兔肥，李斯何事忘南归？功成不解谋身退，直待咸阳血染衣。"

宋朝大诗人刘敞也为李斯墓题了诗。诗为："二事三公何足论，忆牵黄犬出东门。天人忌满由来事，枉持沙丘有旧恩。"

四、一生功绩　兴邦定策

秦王嬴政统一六国之后，秦朝正式建立，李斯也因为在朝廷里业绩突出，被升任为丞相。李斯继续辅佐秦始皇，李斯在帝王之术上颇有建树。他先后帮助秦始皇在巩固秦朝政权，维护国家整体统一，促进整个国家的经济和文化两个方面的发展，做出了极其卓越的贡献。

李斯在政治上的功绩，主要体现在他建议秦始皇废除分封制，实行郡县制。之后，李斯又向秦始皇提出统一文字的建议，天下文字统一之后，李斯又向秦始皇提出了要在统一法律、货币、度量衡和车轨方面都要有一定的制度，李斯为此也付出了巨大的努力。而这些措施的实行，都是以法家的加强中央集权和君主专制为指导的。

废除分封

历史上，曾经的周王朝统一天下以后，周文王、周武王分封的子弟很多，他们都分得了天下的土地，大家各自为政。慢慢地，这些贵族子弟之间，一个个都疏远了，他们不再互相依靠，而是互相视为仇敌，所以，天下经常发生各诸侯之间的战争，即使是统管天下的周天子也不能禁止。秦始皇统一天下后，他也认为，天下既然已经统一了，那么，再去分立许多国家，是不利于天子对国家统一管理的，天下不统一，百姓的生活安宁也没有办法得到保障，所以，当李斯提出废除分封时，秦始皇很是支持。于是，在李斯的协助下，秦始皇把全国分为三十六郡，郡以下为县，而无论是郡还是县都归中央统一管理。郡县制比分封制是一个进步，也有利于国家的统一。

李斯所制定的这一整套中央集权制度，从根本上解决了困扰周王朝多年的诸侯王国分裂割据的祸根。李斯的郡县制对巩固国家统一，促进社会发展起到了积极作用。所以，李斯的这一套制度自秦以后的帝制社会里一直沿用了两千年。由此可见，这套制度实属李斯的一大功绩。

统一文字

公元前 221 年，秦始皇接受丞相李斯"书同文"的建议，秦始皇下令各个地区禁用之前各国留下的古文字，一律采用秦篆为统一书体。想要让各诸侯国原统治区的文字都统一，那么，就急需一种统一的官方文字。这时，丞相李斯又奉秦始皇之命，开始制作这种官方文字的标准字样，这便是小篆。关于小篆的由来，许慎在《说文解字·叙》中曾记载道：李斯等人在奉秦始皇之命制作标准字样时，"皆取史籀大篆或颇省改，所谓小篆者也"。而当时起名为"小篆"，也是为了尊崇"大篆"而自谦称其为"小"的。为了推广统一的文字，李斯又亲自上阵，抒写《仓颉篇》七章，每四字为句，作为学习课本，让天下人学习，供人临摹。不久，李斯又发现和采用秦代一个叫程邈的小官吏所创造的一种书体，成功地打破了篆书曲回环的形体结构，形成了一种新的书体，起名为"隶书"。从此以后，隶书就成为秦朝的官方书体。隶书始于秦，而兴盛于汉，直到后来魏晋楷书流行，隶书才逐渐被取而代之。但作为书法艺术，篆书、隶书因为其独具一格，而深受后人的喜爱。现在，我们中国书法四大书体真、草、隶、篆，隶、篆占其半壁江山，而这里面李斯立了大部分功劳。

统一度量衡

秦朝在统一六国以后，李斯作为秦国丞相，为了让其他被吞并的国家与秦王朝进行经济交流，促进经济发展，李斯又一次上奏秦始皇。李斯建议废除六国之前的旧制，为了天下经济的发展，方便商人、百姓交流，建议把度量衡从混乱的状况下统一起来。李斯的建议再一次得到了秦始皇的允许。

李斯开始精心制定度制，度制以寸、尺、丈引为单位，采用十进制计数；量制则以合、升、斗、桶为单位，也采用十进制计算；衡制则以铢、两、斤、钧、石为单位，二十四铢为一两，十六两为一斤，三十斤为一钧，四钧为一石固定下来。制定好了统一的度量衡，李斯还要负责将此制度实行下去。李斯为了有效地统一制式、划一器具，又从制度上和法律上采取措施，以保证度量衡的精确实施。这是秦始皇统一六国以后，李斯的又一项功绩。其影响程度不言而喻，即使几千年的朝代更迭，李斯的这种计量方法也从来没有更改过，就是我们现在的生活当也依然可以看见它的身影。

统一货币

公元前 210 年，在这一年，李斯向秦始皇上了一道重要的奏本：建议废除原来秦以外通行的其他六国的货币，并且，要对国内所有的货币进行统一。秦始皇同意了李斯的建议，并让其主持此事。在李斯的主持下，天下所有的货币都规定了以黄金为上币，以镒为单位，每镒重二十四两，以铜半两钱为下币，一万铜钱折合一镒黄金。并严令珠玉、龟、贝、银、锡之类作为装饰品和宝藏，更不能让此类物品当作货币在市面上流通。同时，李斯还制定了货币铸造的制度，规定货币的铸造权归国家所有，天下间任何私人都不得铸币，违令者必严惩。

第四章　千古奇冤　李斯的惨死

李斯在全国统一货币的做法，虽说对当时的秦王朝经济发展并没有起多大的作用，但是，李斯此举对后世的影响却非常大。李斯的这次统一货币被后人认为是经济史上的一个创举。而李斯当时所主持铸造的圆形方孔的半两钱，因其造型设计合理、携带方便等优点，被一直沿用到清朝末年。

修驰道车同轨

当时的天下不仅货币不同，就连各国的车轨也大不相同。为了能够让朝廷的政令畅通，也方便物资交流，李斯又向秦始皇提出让全国的车轨统一，这样，车辆走到哪里都会一路畅通，不会因为车轨不同，给行人带来不便。李斯建议立刻在全国范围内修筑驰道。就这样，在国内开展了一场大规模的统一车轨、修筑驰道的运动。

统一车轨的事情依然是由李斯主持，李斯以京师咸阳为中心，陆续设计、修建了两条驰道，一条驰道是向东通到过去的燕、齐地区；另一条驰道则通向南，直达吴楚旧地。李斯修改的驰道路基坚固，宽五十步，道旁每隔三丈种下青松一株。后来，李斯又主持修筑了"直道"，"直道"由九原郡直达到咸阳城内，

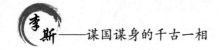

全长共有一千八百余里。

之后，李斯又在今云南、贵州地区修筑"五尺道"，还在湖南、江西一带，修筑攀越五岭的"新道"。就这样，在李斯的主持下，一个以都城咸阳为中心的四通八达的交通网，把天下各地全部联系在了一起。人们想去哪里再也不用担心车轨不同的阻碍了。同时，为与道路配套，李斯特意向全国下令，规定车轨都要统一宽度，以六尺为标准，以此保证车辆的畅行无阻。

李斯生前的绝大部分时间都是在实践着他的法家思想，他在重新得到秦王嬴政的重用之后，开始以卓越的政治才能和远见，在秦国朝廷里大显本领，李斯尽心尽力地辅助秦王嬴政完成了统一六国的大业，李斯也顺应历史发展的趋势，为大秦帝国制定下了一个又一个的先进管理制度。

李斯在晚年，虽然将自己的法家思想推向了极端化，不过，他也只是一个提出者，并没有完全去执行极端的法家思想。

即使李斯最终惨死在赵高的阴谋之下，即使李斯为了自己的一时荣华背叛了他的旧主秦始皇，可是，他一生的功绩还是被历史公正地记录下来。

五、人设崩塌　太史公评

《史记》中记载道：

李斯已死，二世拜赵高为中丞相，事无大小辄决于高。

就在李斯死后，赵高成为秦廷的主导者，秦二世胡亥一方面感激赵高为自己除掉李斯，另一方面对赵高早已毫无疑心。于是，秦二世胡亥任命赵高为大秦的丞相，朝廷中无论大小事全部都由赵高一人决定，赵高终于成为大秦帝国实际的独裁者。

赵高不但是一个阴谋家，他还是一个野心家，权力越来越大的他，已经不满足于丞相的地位了。公元前 207 年的八月份，赵高开始计划要一脚踢开秦二世胡亥这个糊涂蛋皇帝，想要自己做皇帝。不过，赵高又担心朝廷中的群臣不拥护，于是，他就导演了一场"指鹿为马"的历史闹剧，赵高想以此来试探一下群臣对他的态度。

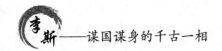

　　这天，丞相赵高趁着群臣朝会的机会，他把一只鹿牵到朝堂之上，说是要献给秦二世胡亥，说："陛下，这是一匹与众不同的马。臣特来献给陛下！"

　　秦二世胡亥看了以后，哈哈大笑着说："丞相搞错了吧？这不是鹿吗？你却指鹿为马。你真是太会开玩笑了。"

　　于是，赵高转身问身边的大臣，朝中的大臣一时间也不知如何是好，大家心里都十分清楚，眼前的动物，明明就是鹿，所以，左右大臣有的沉默，也有的看出了赵高的用意，故意迎合赵高说是马。当然也有一些敢说真话的大臣，他们说是鹿。朝堂上，众多的大臣都慑于赵高的淫威，大都附和着赵高。

　　秦二世胡亥见这么多的人都说是马，自己也惊慌了起来，他心想：自己肯定是被迷惑了，连马都认不出来了？然后立刻下令把太卜召来，急忙叫太卜给他算上一卦。太卜半眯着眼睛，嘴里还一直低声念叨着，好一会儿过去了，太卜才微微睁开眼睛，略显神秘地说："陛下，是否还记得春秋两季到郊外祭祀，供奉宗庙鬼神的事情？当时，陛下在斋戒时不虔诚了，所以，鬼神发怒，陛下才到了今天的这种地步啊！"秦二世胡亥一听自己得罪了鬼神，心中十分畏惧，连忙问太卜："那朕可该如何是好啊？"太卜慢声慢语地回答道："陛下不用着急，这个好办，陛下只要依照圣明君主的样子再虔诚地斋戒一次，鬼神就定会宽恕陛下的。"

这边秦二世胡亥忙着找太卜，另一边，赵高却在暗中陷害那些在朝堂上与他作对，说是鹿的大臣。从那以后，朝廷中的大臣们都更加畏惧赵高了。

听了太卜话的秦二世胡亥，立刻就搬到了上林苑中去斋戒，希望可以得到鬼神的宽恕。秦二世胡亥平日里已经享乐惯了，哪里能真的斋戒，他到了上林苑就把太卜的话忘得一干二净了。整日里，就在上林苑中游玩射猎。

这天，有一个行人走进上林苑中，秦二世胡亥正在射猎，也不知是有意还是无意，就把那个行人给射死了。秦二世胡亥见人已经死了，就找来了赵高，让他帮自己处理这个麻烦。赵高就让他的女婿咸阳令阎乐出面处理，对外就说不知道是谁射杀了此人，随后把尸体搬进了上林苑中。

赵高正在为废除秦二世胡亥寻找机会，他借此机会劝谏秦二世胡亥说："陛下还在斋戒中，而天子无缘无故地杀死了没有犯任何罪的人，这是上天所不允许的啊！陛下现在却杀了无辜的人，鬼神是不会接受陛下的祭祀。如果，陛下不赶紧悔改的话，那么，上天肯定会降下灾祸来的，陛下现在应该远远地离开皇宫，以祈祷消灾，以诚心打动鬼神。"秦二世胡亥听了赵高的话，害怕极了，他根本来不及思考，就赶紧带着仆人离开皇宫，去到望夷宫居住，希望可以在那里祈求上天的怜悯。

秦二世胡亥到望夷宫后，刚刚在那里住了三天，赵高就按捺不住不了，他假托上天要惩罚秦二世胡亥，让手下的卫士们都穿着白色的衣服，并且，让这些卫士们手里都拿着兵器，形成庞大的队伍面向宫内。赵高自己则慌张地走进宫里，禀报秦二世胡亥说："陛下，山东各路强盗现在已经大批地杀进来了！"

秦二世胡亥登上楼台观看，果然，他看到身穿白色衣服的卫士们，手里拿着兵器正朝向宫内，下面的人不可计数，秦二世胡亥非常害怕。"陛下，这恐怕是上天对陛下的惩罚啊！臣斗胆劝陛下还是自己结束性命吧，以免落到强盗手里，承受非人的痛苦啊！"最后，在赵高的逼迫下，秦二世胡亥选择了自杀。赵高逼死了秦二世以后，又将属于秦二世胡亥的玉玺取了下来，把玉玺放在了自己身上。

身旁的文武百官也都选择跟随赵高往前行。只见赵高兴奋地登上大殿，突然间，大殿来回摇晃好像要坍塌似的，这样一连几次。赵高自知这也许就是上天给他的警告，不想给予他皇帝之位，看到此征兆，赵高心里明白，群臣们也不会顺利让自己登上皇位的。于是，赵高就把子婴叫了过来，把传国玉玺交给了他。

子婴即位之后，他可没有像秦二世胡亥那样任由赵高摆布，反而，他内心里最担心赵高再作乱。子婴心里明白，赵高能够弄死扶苏，废除秦二世胡亥，那么，如果赵高想要逼死自己，也是意料之中的事情。于是，子婴就假称有病，身体不安康，而不上朝处理政务，私下里，子婴却与宦官韩谈和他的儿子商量如何能杀死赵高。

这日，赵高前来见子婴，想询问子婴的病情。此时的赵高可能并没有想到刚刚被自己扶持上皇位的子婴，已经对他起了杀心，而且还是那么迫不及待。子婴一听赵高来了，立刻就把他召进皇宫，命令韩谈刺杀赵高，赵高死了以后，子婴还下令诛灭赵高的三族。

不过，子婴的日子也没有长久，就在他即位三个月时，刘邦的军队就从武关打了进来，到达了咸阳城。此时，子婴完全无法控制朝政，朝廷中受欺压多年的文武百官都起义叛秦，不去抵抗沛公。看到朝廷已经在自己的手中轰然倒下，子婴带着妻子和儿女把丝带系在脖子上，到轵道亭旁去投降，以求保全性命。刘邦把他们交给部下官吏看押，并没有取他们性命。等到后来，项羽带兵到达咸阳城后，下令把子婴一家全部杀死，秦国就这样失去了天下，大秦王朝也就此坍塌了。

李斯已经死了，秦廷也坍塌了，太史公司马迁在《史记》中评价李斯说：李斯最初只是以一个里巷平民的身份，游历诸侯国，后来他入关事奉秦国，他看准时机，抓住机会，用智谋和才干尽心尽力辅佐秦始皇，终于完成统一大业。李斯位居三公之职，可以称得上是很受重用了。李斯此生虽然深明儒家《六经》的要旨，但是，他却没有致力于政治清明，他没有用儒家的要旨来弥补皇帝的过失，反而凭借着自己拥有显贵的地位，对皇帝阿谀奉承，随意附和，并且，为了保住荣华富贵，发起推行酷刑峻法的运动。后来，他又听信了赵高的邪说，废掉长子扶苏而立幼子胡亥，也为大秦帝国的灭亡，埋下了祸根。等到全国各地纷纷群起反叛大秦的时候，李斯才想起来要直言劝谏，但大祸已经酿成，现在才想起来要弥补，岂不是太晚了，这不是太愚蠢了吗！

世上很多人都认为李斯是一个忠心耿耿的良臣，最终却被赵高毒害受五刑而死。但是，太史公仔细地考察了整件事情的真相，所以，对李斯的评价就和世俗人的看法有所不同。否则，李斯的功绩真的可以和周公、召公相提并论了。

司马迁对李斯的评价，也记录在了他的《史记》中：

太史公曰：李斯以闾阎历诸侯，入事秦，因以瑕衅，以辅始皇，卒成帝业，斯为三公，可谓尊用矣。斯知六艺之归，不务明政以补主上之缺，持爵禄之重，阿顺苟合，严威酷刑，听高邪说，废嫡立庶。诸侯已畔，斯乃欲谏争，不亦末乎！人皆以斯极忠而被五刑死，察其本，乃与俗议之异。不然，斯之功且与周、召列矣。

就让笔者以司马迁的话，来结束我们对李斯一生的总结吧！

鼠在所居，人固择地。斯效智力，功立名遂。置酒咸阳，人臣极位。一夫诳惑，变易神器。国丧身诛，本同末异。

附　录

李斯年谱

公元前 284 年—公元前 208 年

字通古，汝南上蔡（今河南省上蔡县芦冈乡李斯楼村）人。秦朝著名政治家、文学家和书法家。

李斯早年为郡小吏，后从荀子学帝王之术，学成入秦。初被吕不韦任以为郎。后劝说秦王政灭诸侯、成帝业，被任为长史。秦王采纳其计谋，遣谋士持金玉游说关东六国，离间各国君臣，又任其为客卿。

秦王政十年（公元前 237 年）

由于韩人间谍郑国入秦，秦王下令驱逐六国客卿。李斯上《谏逐客书》阻止，被秦王所采纳，不久官为廷尉。

秦王政（始皇帝）二十六年（公元前 221 年）

秦王结束了长期分裂的割据局面，统一了中国，建立了一个东到大海，南达岭南，西至甘青高原，北至今内蒙古、辽东的大一统国家。秦王，这时已称为秦始皇。为了巩固统一的国家，李斯也是做了一定贡献的。秦统一天下后，与王绾、冯劫议定尊秦王政为皇帝，并制定有关礼仪制度。李斯被任为丞相。他建议拆除郡县城墙，销毁民间的兵器；反对分封制，坚持郡县制。

秦王政（始皇帝）二十八年（公元前 219 年）至三十七年（公元前 210 年）

秦始皇四次巡幸中，都命李斯刻石记功，计有《邹峄山刻石》《泰山刻石》《碣邪台刻石》《之罘刻石》《东观刻石》《碣石刻石》《会稽刻石》等七通。

秦王政（始皇帝）三十四年（公元前 213 年）

李斯又主张焚烧民间收藏的《诗》《书》等百家语，禁止私学，以加强中央集权的统治。还参与制定了法律，统一车轨、文字、度量衡等制度。李斯政治主张的实施对中国和世界产生了深远的影响，奠定了中国封建社会两千多年政治制度的基本格局。

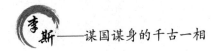

秦王政（始皇帝）三十七年（公元前 210 年）

李斯向秦始皇上了最后一道重要的奏书：废除原来秦以外通行的六国货币，在中国范围内统一货币。此举虽然对秦王朝的经济发展无大用，但对后世的影响很大。在李斯的主持下，货币规定了以黄金为上币，以镒为单位，每镒重二十四两，以铜半两钱为下币，一万铜钱折合一镒黄金。并严令珠玉、龟、贝、银、锡之类作为装饰品和宝藏，不得当作货币流通。同时，规定货币的铸造权归国家所有，私人不得铸币，违者定罪等。李斯此举被后人认为是经济史上的一个创举。而当初他所主持铸造的圆形方孔的半两钱（俗称秦半两）因其造型设计合理、使用携带方便，一直使用到清朝末年。

秦始皇死后，他与赵高合谋，伪造遗诏，迫令始皇长子扶苏自杀，立少子胡亥为二世皇帝。后为赵高所忌。

秦二世二年（公元前 208 年）

被腰斩于咸阳闹市，并夷三族。

后 记

品读史书，观赏无数离奇、真实的命运焰火；手执史书，书里一个个历史的名字再一次活过来，跟着有血有肉的文字，体会古人的人生境遇，感受他们的爱恨悲欢……

翻开本书，你将看到李斯的职场人生和权力谋略，同时看到权力对人性的扭曲与吞噬。一个血肉丰满的帝国权臣形象向你扑面而来。秦王、李斯、嫪毐、韩非、荀子、赵高、扶苏、胡亥……千年之后，灯下读书的我们，犹如轮回历史夜幕下的人物命运，品尝个中滋味、体会切身甘苦……

作为一名作者，一本书写完后，既欣慰又不舍，会有一种生命流逝的感觉，内心里的情感也被文字一丝一丝地抽走……这倒不是在感叹韶华易逝，青春不再，而是感到自己生命的一部分也永远留在了此书中。笔者和读者一起陪着书中的每一个历史人物

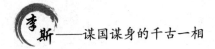

将他们的人生路重走了一遍，我们跟着他们一起哭、一起笑、一起痛，也一起彷徨……仿佛那就是我们的人生……

李斯说，人生如鼠，不在仓就在厕。其实，书又何尝不是呢？只可惜，这已不是作者所能掌握的了。

虽说书不尽言，言不尽意，但书成之时，作者就不再多言了。

江左辰

2022.7